"深読み"の技法

世界と自分に近づくための14章

河合塾現代文講師
小池陽慈

笠間書院

はじめに

こんにちは、小池です。大学受験の予備校、塾で、現代文や作文を指導しています。また、学習参考書や、時にはこうして一般書の執筆などにも携わっています。本書を刊行した笠間書院では、『一生ものの「発信力」をつける！ 14歳からの文章術』という本を書いています。

ところで、予備校や塾で指導をしていると、もちろん、生徒たちから質問を受けることが多々あります。その一つ一つが、講師としてとても大切な経験、糧となるのですが、なかでも最近考えていることに、「深読み」という言葉があります。

現代文や国語の指導などを経験したことのある人なら、こんな話を聞くと、たぶん、「ああ、あるある！」と思ってくださるのではないでしょうか。記述であれ選択肢であれ、読解問題を間違えた生徒たちが、その問題の質問をする際に、

やー……、ちょっと本文を深読みしちゃって……

とか、

すみません、私の深読みかもしれないんですけど……

などの言葉を、枕詞のように置くことがしばしばあるんですよね。

深読み。

この言葉は、僕が高校生や受験生だった頃は、少なくとも僕の周りでは使われてはいませんでした。ですので、初めてこの言葉を聞いたときは、「へえ、おもしろい言い方があるのだな」と思いました。しかも、言葉の使い方からして、どうやらネガティヴな意味で用いられているらしい。

今、『精選版 日本国語大辞典』で調べてみると、その語義は、以下のように説明されています。

《名》文章の意味を、必要以上に深く読みとること。物事の表面にあらわれない事情などを、必要以上に感じ取ること。うがち過ぎること。

※恋の泉（1962）〈中村真一郎〉「それは感じ過ぎ、一種の深読みだった」

なるほど。「必要以上に深く読み取る」という意味なんですね。確かにそれをしてしまうと、現代文の問題は解けなくなってしまいます。なにしろ「必要以上」であるわけですから。中村真一郎の用例に1962年と記されていますので、そこそこ以前からあった言葉の使い方だということもわかりました。知らなかった。ふむふむ。けれども……。

なんか、もったいなくないですか?

何がと言えば、「深い」という言葉は、そもそも、「おお、君の言っていることは、なかなかに深いねぇ!」などと、肯定的な文脈で使われるものですよね。映画や小説や、あるいは漫画などを読んだ後、「深い」とつぶやけば、それはその作品に対する、相当な褒め言葉であるはずです。

とするならば、「深読み」すなわち「深く読む」の「深く」を、「必要以上に深く」などと否定的な意味で解釈するのはもったいない。あたかも誤読であるかのようにこの言葉を使うことに、僕はなんだかもやもやしてしまうのですね。「深読み」すなわち「深く読む」。良いではないですか。素晴らしいことではないですか。

というのも、近年、効率性や合理性を過度に重んじる風潮のなか、そうした影響は読書にも及び、なんというか、〝情報処理〟的な読み――サッと目を通して、必要な情報だけを効率的に拾い集める、という読み方を推奨するような言説がより幅を利かせてきたという印象を受けるからです。

もちろん、そうした読み方が必要なケースもあります。

けれども、文章を読むという営みに要求されるのは、そのような慌ただしい態度だけなのでしょうか。文章や文や言葉は、サッと読んで軽く消費されるだけのものに過ぎないのでしょうか。

僕はそう思いません。

時にはその一文、いや、その一単語に徹底的にこだわり、それを〝深く〟読むために、途方もない時間をかける。そうした時間が、思考を錬磨し、その人の思想を、あるいはその人そのものを形作ってゆく。

能率やスピード偏重の世の中であればこそ、逆に、そうした読み方を提唱していきたいという思いは、自分の中に、ずっとありました。

ですから、〝深読み〟なのです。

今現在「深読み」がよろしくない言葉であるなら、では、それをよろしい言葉へと読みかえてしまいたい。

すなわち、「深読み」から〝深読み〟へ。

本書『〝深読み〟の技法』は、まさにそのことを意図してしたためました。願わくはこの一冊も、じっくりと、時間をかけてお読みいただければ幸いです。

"深読み"の技法・目次

〈第1部〉読むための方法

〈第2部〉 読むことの意味

〈第1部〉読むための方法

1・読むことと知識 1

語彙の重要性

「読む」という営みにおける語彙《ごい》の重要性について、どこかで耳にしたことがあると思います。その際、例えば、「英文を読む際にも英単語の知識は必須だし、古文を読む際にも古文単語を知らなければ話にならない。それと同じく、現代日本語の文章を読む際にも、現代日本語の語彙をきちんと蓄えておく必要があるのだ」などという説明を受けたことがあるかもしれません。

なるほど僕も、そう思います。

でも、このような言い方における〝語彙の重要性〟というのは、いったいどのようなことを意味しているのか。もう少し詳しく考えてみましょう。

まず、「英文を読む際にも英単語の知識は必須」と主張するとき、その人はおそらく、「英文を読んでいる際に、その文やパラグラフのなかにいくつも知らない単語があったら、その英文を理解することなどできない」といった考えを前提としているはずです。確かに、〈I am the Walrus.（The Beatlesの名（迷）曲です）〉というたった4単語の、しかも単純な構文のセンテンスでさえ、〈walrus＝セイウチ〉という意味を知らなければ、何を言っているのかまったく理解できません（もっともこの曲の歌詞の場合は、それがわかってもなかなかにチンプンカンプンですが・笑）。そして、同じように「古文を読む際にも古文単語を知らなければ話にならない」ということを強調したい場合には、

たとえば「女御」や「更衣」、「さぶらふ」「たまふ」「やむごとなし」「きは」「ときめく」などの古文単語の意味を知らなければ、『源氏物語』の冒頭、「いづれの御時にか、女御、更衣あまた候ひ給ひける中に、いとやむごとなき際にはあらぬが、すぐれて時めき給ふありけり。」も、まったく何を言っているのかわからないよね？

などと説明することでしょう。

ここに挙げた事例に共通しているのはどのようなことか？

それは、〝語彙の重要性〟というものを、

文中で未知の単語に遭遇するとその文章が読めなくなる可能性が高くなるから、その確率を減らす！

といった観点から考えているということなのですね。

そしてこのことは、もちろん、現代日本語で書かれた文章を「読む」際にも、重要なポイントとなってきます。一段落や一文のなかにいくつも未知の単語があったなら、たとえ現代日本語を母語とする人間であっても、やはりきつい。試しに、以下の一文を読んでみてください。

資料
「アニミズム」は、宗教的——とりわけ自然崇拝的——世界観を、近代的な心身二元論の枠組から出発して捉えなおし、概念化したものである。
（清水昭俊による解説／今村仁司編『現代思想を読む事典』講談社現代新書より）

どうでしょう？

「アニミズム」については、その語の意味内容を以下の叙述で定義しているわけですから、まあ、知らなくてもこの文は読める——と思った人もいるかもしれません。とはいえ念のためにその語義について調べてみると、例えば『デジタル大辞泉』には、以下のような解説が用意されているわけです。

自然界の諸事物に霊魂・精霊などの存在を認め、このような霊的存在に対する信仰。英国の人類学者タイラーは、これを宗教の起源とした。

なるほど。要するに、山の木や、せせらぎや、はたまた風や雨などの自然現象にまで、魂や霊が宿っていると考えるような、古代的な信仰のことを言うのですね。ちなみに「アニミズム」はアルファベット表記だと〈animism〉。ラテン語〈anima〉に由来する語で、その〈anima〉が魂とか霊魂などの意ですから、それを〈ism＝主義〉化すると、右に参照したような語義になる。こうした知識を有していれば、資料中の「宗教的」とか「自然崇拝的」という説明の意味も、しっくりと腑に落ちますよね。

次に「世界観」。

この語については、「世界観」という語の全体から見るより、「観」という漢字の意味を知っておきたい。ちなみに日本語において、「宗教」とか「解説」とか「客観」とか、いわゆる漢字のみで構成されている語のことを熟語と呼びますが、逆に言えば漢字は熟語を構成する部品ということにもなりますから、漢字それ自体の意味を知ることも、日本語の語彙を増やすうえではかなり大切なことになります。

そこでこの「観」の意味なのですが、これは、〈ものの見方〉を表す漢字なのですね。

例えば、「歴史」といえば〈人間や人間社会などがこれまでたどってきた経過〉を意味する語ですが、「歴史観」となると、〈歴史というものをどのように見たり考えたりするのか〉という意味を持つことになります。「進歩主義的歴史観」なら〈歴史における変化は、程度の低い状態から高い状態への進歩である〉という〈見方・考え方〉を表す、というように。

となると、「世界観」とは？

そうですね。つまりは〈世界というものをどのように見るのか〉という〈見方〉を意味する語句であるということになるわけです。資料の文章では、「宗教的（略）世界観」とありますから、自分たちの持つ「宗教」にのっとって、世界を解釈し、意味づけるような〈見方〉のことを言っているとわかります。

さて、この一文における「『アニミズム』は」という主題は、「概念化したものである」という述語（述部）にかかっていきます。そして、「宗教的（略）世界観を」という目的語も、「概念化したものである」という述語中の「概念化した」という箇所にかかっていく。つまり、

アニミズムは、宗教的世界観を概念化したものである。

という要素が、この一文の骨格ということになるわけです（「近代的な〜捉えなおし」という部分については、また後で解説します）。

となると、この一文を正確に理解するには、述語を構成する「概念化」という語句の意味

を知っているかどうかがカギになる。

「概念化」とは、どういうことか？

まず、「化」については、〈状態Aから状態Bへの変化〉を意味するものですから、すなわち「概念化」は、〈概念でないものを概念であるようにする〉、〈概念未満のものが概念となる〉といったような語義になるはずです。

では、その「概念」とは何か。

それを理解するうえでは、類縁関係にある「観念」「概念」「理念」という語同士の意味の違いについて、比較してみるとわかりやすいのですね。

まず、類縁関係と言いましたが、この三つの語は、いずれも〈イメージ〉という意味を軸とします。ただし、

- **観念…頭のなかにあるイメージ**
- **概念…言葉や記号、図や形などによって表現されたイメージ**
- **理念…追い求める理想的なイメージ**

といったふうに、違いがある。このうち「理念」については、例えば「世界平和という理念を追求する」とか「人権という理念を守る」などといった使用例を参照すれば、ああ、なるほ

どとなるかと思います。

問題は、「観念」と「概念」の違いですね。

正直に言えば、両者は必ずしも弁別されて用いられるとは限らず、書き手や話し手によっては、どちらも同じような意味で用いていることがあります。でも、両者を明らかに区別して使用している場合には、右に解説した違いは意識して読んだり聞いたりしてください。

とはいえ、この右の説明では、ちょっと腑に落ちませんよね。

そうですね……例えば日本語のシステムのなかでは、〈mizu〉という音は、〈水〉のイメージを表すことができます。ですから、子どもが親に「おみずちょうだい」というと、親も「はいはい」といって、お水をコップにそそいで子どもに渡すことができる。というのは、つまり、子どもの頭の中にあった水のイメージが、音という容器——言葉に入れられて頭の中から外へとアウトプットされ、そして親のもとへと届けられたということであるわけです。こうして考えれば、このときの水のイメージは、〈言葉によって表されたイメージ〉、すなわち「概念」ということになります。これに対して、例えば芸術家が、次に描く作品のアイデアをうんうんうなって考えている際、いまだ頭の中にもやもやと漂うだけで、それを筆で表現することができていない段階では、そのもやもやは、〈頭の中にあるイメージ〉に過ぎません。すなわち、〈いまだ言葉や記号、図や形などによってアウトプットされていないイメージ〉、要するに「観念」ということになるわけです。「君の言うことなど、観念論に過ぎない！」などという批判の言葉は、まさに、〈君の言うことなど、頭のなかでのみイメージできることで、〝実際に現実世界へとアウトプットする＝そのアイデアをもって現実世界に作用を及ぼす〟ことなどできない。つまりは現実的には何一つ役に立たない、机上の空論だ！〉という意味で用いられるはずです。まさに、

・観念…頭のなかにあるイメージ

・概念…言葉や記号、図や形などによって表現されたイメージ

であるわけですね。

話を戻します。

僕たちは今、

アニミズムは、宗教的世界観を概念化したものである。

という叙述における「概念化」の意味について考えていました。そして「概念」が、〈言葉や記号、図や形などによって表現されたイメージ〉であると理解したのです。となると、「概念化」とは、〈それまでは言葉や記号、図や形によっては表現されていなかったイメージが、それらによ

って表現されるようになったこと〉を意味することになる。

そうですね。

つまり、「アニミズム」とは、それまではっきりとは表現されていなかった「宗教的（略）世界観」が、言葉などによって表現されるようになったもの、あるいは、定義されるようになったもの、それを意味する語であったわけです。要するに、〈かつて人間は、なんとなくのイメージで、世界に神々の存在を感じ取っていたが、それを明白に言葉などで表現＝定義することはなかった。ところがある時期から、それを表現＝定義するようになった。それが、アニミズムというものである〉ということです。

ただし、この解説だと、そうした「アニミズム」という考え方の「概念化」を行ったのが誰かがわかりません。というより、一般的に考えるなら、そうした「宗教的（略）世界観」を所有している人々によってなされた、と考えるのが普通ですよね。

というわけで、ここで、これまで言及を避けてきた他の箇所についても考察してみましょう。再度、資料の文を引用してみます。なお、傍線は、これ以降もすべて引用者（＝小池）によるものです。

「アニミズム」は、宗教的——とりわけ自然崇拝的——世界観を、近代的な心身二元論の枠組から出発して捉えなおし、概念化したものである。

「近代的な心身二元論の枠組から出発して捉えなおし」とありますね。この「捉えなおし」という述語の主語は、「概念化した」と同一であるはずです。すなわち、

誰かしらが＝主語　↓宗教的世界観を＝目的語　↓捉えなおす＝述語①
↓概念化する＝述語②

という構造が把握できます。

さて、となると、その誰かしらは、宗教的世界観を「近代的」な観点から「捉えなおし」たわけですから、当然、「近代的」な価値観や思考をすでに体得している人間であるはずです。仮に、この誰かしらを〈近代人〉としておきましょう。すると、

近代人が＝主語　↓宗教的世界観を＝目的語　↓捉えなおす＝述語①
↓概念化する＝述語②

と整理することができますね。

そうです。

つまり、「アニミズム」という考え方を明白に言葉などで表現＝定義したのは、そうした宗教的世界観を所有する部族社会の人々ではなく、おそらくは彼らのことを研究・分析していた〈近代人〉であったということになるわけです。

その部族社会の人々は、自分たちの信仰について――神話や儀式などを通じてその世界観は確たるものとして感じつつも――、はっきりとそれが意味する内容や体系、論理などを定義しているわけではなかった。それを、〈近代人〉が、〈彼らの信仰は、これこれこういうものだ〉と、はっきりと表現＝定義した、すなわち、「概念化」した。こういうことなのではないでしょうか。

そして、その際に〈近代人〉が参照した「枠組」が、「心身二元論」ということになります。

つまり 資料 の一文は、

> **部族社会の人々がはっきりとは定義していなかった自らの宗教的世界観を、近代人が、心身二元論という理論を用いて、明確に言語化した。それが、「アニミズム」という語である。**

というふうに理解することができる。そしてもちろん、話は、「では、『心身二元論』とはどのような概念を言うのか」というところに進んでいくわけです。

ルネ・デカルトという人物の名前を耳にしたことがあると思います。

17世紀に、主にフランスで活躍した哲学者です。後に、「近代哲学の父」などと呼ばれることになる人物です。つまりは、このデカルトの思想こそが〈近代人〉を代表するものであると後世の人々によって考えられている、そういうことですね。

では、このデカルトの著作で、一般的にはおそらくは最も有名な一冊、『方法序説』から、デカルトの言葉を少し引用してみたいと思います。なお、引用はすべて、岩波文庫版、谷川多佳子訳『方法序説』からのものとなります。

（前略）理性すなわち良識が、わたしたちを人間たらしめ、動物から区別する唯一のものであるだけに、各人のうちに完全に具わっていると思いたいし、その点で哲学者たちに共通の意見に従いたいからだ。

ここまでの文脈もないので何を言っているかつかみにくいかもしれませんが、「理性すなわち良識が、わたしたちを人間たらしめ、動物から区別する唯一のものである」という記述において、デカルトが、人間が人間たるゆえんを「理性」というものに求めていることは明らかですよね。もっと言うなら、

人間＝理性を持つ／動物＝理性を持たない

という認識です。こうした捉え方は、

そしてこのことは、動物たちの理性が人間よりも少ないということだけでなく、動物たちには理性が無いことを示している。

などという叙述にもはっきりと明言されています。そして、

動物たちには精神がなくて、自然が動物たちのうちで諸器官の配置にしたがって動いているのだ。

という箇所を読むと……ここは少々難しいですが、要するにデカルトが、「精神」を持たない「動物」を、「自然」というカテゴリーの一部として認識していることがわかれば大丈夫です。すなわち、さきほど整理した、〈人間＝理性を持つ／動物＝理性を持たない〉という枠組みは、

人間＝理性・精神を持つ／自然（含む、動物）＝理性・精神を持たない

と微修正することができるわけです。つまりデカルトは、「理性」や「精神」の有無によって、世界を二つの次元に分割して考えていたということですね。このように、何かしらの観点に基づいて世界を二つの次元に分割して捉えるような見方のことを、「二元論」と言います。

さて、せっかく『方法序説』を紹介しているのですから、あの有名なフレーズ――社会の教科書などにも引用されることの多い、デカルトの代名詞とも言える文言を含む一節にも、触れておきたいですね。

そのすぐ後で、次のことに気がついた。すなわち、このようにすべてを偽と考えようとする間も、そう考えているこのわたしは必然的に何ものかでなければならない、と。そして「わたしは考える、ゆえにわたしは存在する〔ワレ惟《おも》ウ、故ニワレ在《あ》リ〕」というこの真理は、懐疑論者たちのどんな途方もない想定といえども揺るがしえないほど堅固で確実なのを認め、この真理を、求めていた哲学の第一原理として、ためらうことなく受け入れられる、と判断した。

「わたしは考える、ゆえにわたしは存在する」。とても有名な文言です。「ゆえに」は順接の接続詞、つまり、原因と結果、あるいは条件と帰結をつなぐ働きをする言葉です。すなわちデカルトは、「わたしは存在する」こと、つまりは〈自己の存在〉について、その原因や条件を、「考える」という動作に想定した。「考える」という行為こそが、〈自己の存在〉を確信させる、根本的な要因であるとした。要するにデカルトは、人間存在の核に、「考える」という行為を置いたわけです。

「考える」という行為は、どこで、あるいは何によって行うものでしょうか?

もちろん、精神において、あるいはそこに宿る理性によってです。

となると、「わたしは考える、ゆえにわたしは存在する」という文言は、すなわち、人間存在において最も重要なものとして、精神や理性を特権化することを宣言しているのだとわかります。

さて、それでは人間存在において精神を特権化するとは、逆に言えばどういうことか。

精神の対義語はなんでしょうか。

身体です。

ということは、人間存在において精神を特権化するとは、要するに、人間存在におけるもう一つの次元すなわち身体を、精神に従属するものとして考える、ということを意味するはずです。言い換えれば、人間存在における中心的要素=主体が精神、そしてそれに従属する客体が身体、ということです。

人間存在…〈精神=主体/身体=客体〉

つまりはこういった人間観のことを、「心身二元論」と呼ぶわけですね。以下のデカルトの言葉を読んでみてください。

これらのことからわたしは、次のことを知った。わたしは一つの実体であり、その本質ないし本性は考えるということだけにあって、存在するためにどんな場所も要せず、いかなる物質的なものにも依存しない、と。したがって、このわたし、すなわち、わたしをいま存在するものにしている魂は、身体〔物体〕からまったく区別され、しかも身体〔物体〕より認識しやすく、たとえ身体〔物質〕が無かったとしても、完全に今あるままのものであることに変わりはない、と。

ここに述べられる「魂」とは、すなわち「精神」のことです。明らかに、魂＝精神と身体とを区別し、前者に重きを置く見方ですよね。まさに、「心身二元論」。

話を戻しましょう。

「アニミズム」は、宗教的——とりわけ自然崇拝的——世界観を、近代的な心身二元論の枠組から出発して捉えなおし、概念化したものである。

今解釈している 資料 の文における「心身二元論」も、もちろん、こうしたデカルト的な人間観、世界観を指していると考えられます。

では、「自然界の諸事物に霊魂・精霊などの存在を認め」（デジタル大辞林）る「アニミズム」は、「心身二元論」とどのように関連していると言えるのか。

「心身二元論」は、人間の存在を、〈精神／身体＝物質〉の二つの次元に分割する見方です。そのような発想をもとにして、部族社会における宗教的世界観を考察したとき、そこには、

自然界の諸事物に宿る霊魂・聖霊＝精神／自然界の諸事物＝物質

という、「心身二元論」的な枠組みを見出すことができる。要するに 資料 の文章は、

部族社会の人々がはっきりとは定義していなかった自らの宗教的世界観を、近代人が、心身二元論という理論を用いて、〈自然界の諸事物に宿る霊魂＝精神／自然界の諸事物＝物質〉という枠組みを前提とした信仰であるとして、明確に言語化した。それが、「アニミズム」という語である。

などと解釈することができるわけですね。

どうでしょう。

〝語彙の重要性〟、ご理解いただけましたでしょうか。「文中で未知の単語に遭遇するとその文章が読めなくなる可能性が高くなる」ということは、逆に言えば、数多くの語彙を知っていると、以上のような読み方が可能になるということでもあるのです。

最後に、もう一つ——語彙を豊富に持つことの強みについて、述べておきたいと思います。

以下に引用した文章に、目を通してみてください。

昔の人は多くの自然界の不可解な現象を化け物の所業として説明した。やはり一種の作業仮説である。雷電の現象は虎《とら》の皮の褌《ふんどし》を着けた鬼の悪ふざけとして説明されたが、今日では空中電気と称する怪物の活動だと言われている。

（寺田寅彦「化け物の進化」より）

どうでしょう。

もしかしたら「化け物」という言い方に惑わされたかもしれませんが、「化け物」もまた、霊的な存在であるはずです。すなわち「自然界」の「現象」に「化け物」を見るという世界観とは、あるいはその具体例としての「雷電の現象」を、「虎の皮の褌を着けた鬼の悪ふざけ」とする見方とは、まさに、「アニミズム」のバリエーションと言えるのではないでしょうか。

つまり、「アニミズム」という語彙を手にしている読み手は、右の寺田寅彦の文章を読んだ際、「なるほど、この文章は、昔の『アニミズム』的世界観と、現在の科学的世界観とを比較しているのだな」などと、その内容を端的にまとめることができるわけです。

そうです。

語彙を多く手にしている人は、このように、長い情報をコンパクトにまとめながら文章を読むことが可能となる。すると、内容や展開を追いやすくなる。まさにこうした意味においても、〝語彙の重要性〟を認識しておく必要があるのですね。

では、どうすれば語彙は増やせるのか。

それは、文章を読む過程で出会った未知の語句について、こまめに辞書を引くことです。そして、調べた内容を、ノートやカード、あるいはスマートフォンのメモ帳などに整理しておくことです。もちろん、まとめた情報を何度も読み返すことが大切になるのは、言うまでもありません。

2・読むことと知識 2

教科的な知識の重要性

前回は、「**読むことと知識1**」という章題で、〝語彙の重要性〟についてお話ししました。今回の「**読むことと知識2**」も、その延長線上にある内容となります。知識を多く手に入れ、覚えることで、より深く、あるいはおもしろく、文章を読むことができるようになる——そうした観点から、「読む」という営みについてお話しできればと思います。

今回着目したいのは、いわゆる〝教科的な知識〟です。

教科書や参考書、あるいは一般向けに書かれた新書や入門書などから得られる知識のことですね。

もちろん、語彙と教科知識とは厳密に区別できるものではないですし、また、区別する必要もありません。ただ、小中高の授業や教科書で学ぶ内容、あるいは読書で得られる教養が、「読む」という営みにおいてどれほど大切か、それを強調したく、独立の章を設けた次第です。

前回 資料 として参照したのは、新書とはいえ、『現代思想を読む事典』、すなわち学術的な内容に言及する、決して一般向けとは言えないような文章でした。そうした文章を読む際に、語彙・知識が重要になってくることは、前回の説明でもご理解いただけたでしょうし、常識的に言っても異論はないかと思います。

では、語彙・知識が肝要となるのは、そうした専門性の高い文章についてだけか。

もちろん、違います。

いわゆる一般向けに書かれた文章でも、語彙や知識を多く有している人は、より正確に、あるいは深く、その文章を読むことができる。今回はそのことを実感してもらうために、引用する 資料 については、新聞記事としました。アメリカ大統領ジョー・バイデン氏が2021年4月28日に行った就任後初の施政方針演説の内容について、バイデン氏の言葉を引用しながら紹介する記事からの抜粋です。ひとまず、読んでみてください。なお、1～9の段落番号は、解説の都合上、僕のほうで付したものとなります。

資料

1 国内でのバイデン氏の喫緊の課題は、昨年のコロナ禍で「世界大恐慌以来、最悪の経済危機」に直面した米国の景気回復だ。バイデン氏は強力な財政出動と市場介入を伴う「大きな政府」にかじを切り、格差や差別などの構造的課題とあわせて取り組むと訴えた。

2 「我々の民主主義が試されたもう一つの時代。フランクリン・ルーズベルトは国民に知らしめた。『我々はみな役目を果たす』と」

3 強く意識するのは、恐慌後に大規模な公共事業を軸とするニューディール政策を進めた民主党ルーズベルト大統領だ。演説では、ニューディールの産業統制運動の標語となった言葉を掲げ、国民の団結を訴えた。

4 ルーズベルトは恐慌と第2次世界大戦の危機を追い風に、急進的な増税による富の再分配を進めた。バイデン氏も演説で、育児や教育に焦点を当てた追加対策案の検討を議会に求めた。

5 3月末に示したインフラ投資案とあわせて計4兆ドル（約435兆円）規模の提案は、コロナ禍で政府の積極的介入を求める世論なしには考えられなかった規模だ。財源の一部は企業や富裕層への増税でまかない、格差の是正も図る狙いだ。

6 100日間の「最も偉大な成果」として、目標の倍の2億回のワクチン接種を進めた点を強調。政府への信頼を呼びかけた。

7 トランプ前大統領を意識した発言も目立った。「あまりに急激に変わる経済で取り残され、忘れられたと感じた人も多い。その人に語りたい」。自由化やグローバル化による成長から「忘れられた人々」という言い方は、トランプ氏が労働者層に支持を呼びかける際に好んで使ったものだ。

8 70年代の石油危機後はニューディール後の「大きな政府」が行き詰まり、80年代のレーガン政権以降は民主党政権を含め、市場原理を重視し、グローバル化を推し進める政策が主流になった。中国の世界市場への参入が本格化すると、米製造業地帯に偏る形で経済的打撃が生じ、トランプ氏はその労働者層の不満を追い風に、大統領に就任した。

[9]バイデン氏は「『トリクルダウン』は機能しなかった」と宣言し、競争の勝者が生む富が低所得者にしたたり落ちるというレーガン政権の政策の中心概念を否定した。連邦政府が低中所得の労働者の雇用や生活を積極的に支えることで、「富にだけではなく、労働にこそ報いる政策」へ転換すると強調。「中間層が米国をつくり、労働組合が中間層をつくった」とも述べ、トランプ氏に奪われた「労働者の党」の看板を取り戻す意欲をにじませた。

（「朝日新聞」2021年4月30日金曜日朝刊2面「時時刻刻」より、一部抜粋）

どうでしょうか。政治や経済、あるいは世界史などを苦手とする人には、少々読みにくかったかもしれません。が、おおむねの内容をつかむには、さして難しいというわけでもないと思います。例えば冒頭の一文ですが、このようなことが書かれています。

国内でのバイデン氏の喫緊の課題は、昨年のコロナ禍で「世界大恐慌以来、最悪の経済危機」に直面した米国の景気回復だ。

「喫緊の課題」が〈急いで解決すべき、差し迫った課題〉という意味のお約束フレーズであることを知っていれば、要するに、

コロナ禍で経済がひどい状態なので、景気回復こそがバイデン氏にとって何よりも優先すべき課題だ

ということを言っていると、すぐにわかる。

しかしここで、バイデン大統領がアメリカの「経済危機」を「世界大恐慌以来」のそれ、と述べていることには、おそらく狙いがあります。

「世界大恐慌」（または「世界恐慌」）。

中学の社会や、高校の世界史、政治経済などで勉強しましたよね。

いったいどのような出来事であったのか、山川出版社の『政治・経済用語集』第2版から、その解説を引用してみたいと思います。

1929年10月，アメリカのニューヨークにあるウォール街の株価大暴落に端を発した，世界的な経済恐慌。アメリカでは，工業生産は半減し，大量の失業者が発生した。この恐慌への対応として，アメリカはニューディール政策を，イギリス，フランスなどの植民地を「持てる国」は，ブロック経済をとった。日本，ドイツ，イタリアなどの植民地を「持たざる国」は，ファシズム体制をとり，植民地の再分割を求めて侵略戦争を起こした。

うーん……怖い。

「世界大恐慌」をきっかけとして、その先に第二次世界大戦があったとするならば、そして今が「世界大恐慌」にも比せられるような「経済危機」であるならば、僕たちは、世界大戦というかつて人類が引き起こした愚行・蛮行を、いつ再演してもおかしくない。今世界は、そうした危機と直面している——バイデン氏が「世界大恐慌」という出来事を参照し、それを用いたことにより、この文章の読み手は、そうしたメッセージをここに読み取ることができるのです。これもまた、教科的な知識を有していることの強みですね。

しかし、ここでバイデン氏が「世界大恐慌」を引き合いに出しているのは、別にもっと大きな理由があります。

まず、1929年の「世界大恐慌」は、なぜ起きたのか。

それには様々な原因があるのでしょうが、やはり、多くの本が言及しているように、自由主義経済の破綻という点が大きな原因となっていると思われます。

自由主義。

あるいは、自由放任主義。

これは簡単に言ってしまえば、市場における自由競争を肯定する考え方です。すなわち、買い手や売り手が自分の利益のみを追求して自由に取引を行っていれば、市場も安定・活性化し、そして社会全体が発展する、という発想ですね。いわゆる「市場原理」と呼ばれる考え方です。産業資本主義の誕生する18世紀を代表する経済学者、アダム・スミスなどが主張しました。

では、ここで言う「自由」とは何か？

それは要するに、政府が口出しをしない、ということです。

つまり、個々人が自由に、政府からの規制を受けることなくお金もうけにいそしんでいれば、経済や社会は発展する、と。

けれども端的に言えば、それが実際にはうまくいかなかった。

個々人の自由に任せ、経済活動を放任したままにしておくと、様々な問題や矛盾が発生し、結果として資本主義という経済システムそれ自体を自滅に追い込んでしまうことが発覚したわけです。もちろんそれが、「世界大恐慌」という出来事でした。

そこで、「もうこれ以上、自由放任型の市場原理を信頼していてもらちがあかない！」という発想が出てきます。

もう一度確認しますが、ここでいう「自由」とは、政府が口出しをしない、あるいは、口出しを最低限にとどめる、ということを意味します。

ということは、「自由放任はもう限界！」という主張は、すなわち、「市場には政府が口出し＝介入をする必要がある！」という訴えに等しい。

例えば「世界大恐慌」に陥った際、アメリカでは、ニューディール政策と呼ばれる恐慌対策が実施されます。この政策の内容については、やはり、山川出版社の『政治・経済用語集』の解説を参照したいと思います。なお、傍線は、これ以降もすべて引用者（＝小池）によるものです。

1933年から，アメリカにおいてローズヴェルト大統領により実施された恐慌対策の総称で，政府が積極的に経済に介入した。修正資本主義，混合経済体制の最初の例といえる。具体的には，失業者救済策，生産統制による農産物の価格支持，地域総合開発を指向したTVAの設立，全国産業復興法の制定などの措置《そち》をとった。また，社会保障制度の樹立や画《かっ》期《き》的な労働保護立法であるワグナー法の制定などを実施した。

「政府が積極的に経済に介入した」とありますよね。まさに、「市場には政府が口出し＝介入をする必要がある！」ということです。そして、そうした経済システムを、「修正資本主義」と説明しています。それまでの自由放任な体制を、「修正」したという意味ですね。

ちなみに、このニューディール政策の思想的支柱は、ジョン・メイナード・ケインズという経済学者でした。この章を書くにあたっておおいに参考としている本、インフォビジュアル研究所『図解でわかる 14歳から考える資本主義』（太田出版）では、このケインズの考え方を、以下のように解説しています。

不況時には政府が積極的に市場に介入し、公共投資によって経済を動かし、需要をつくり出す必要がある

さて、この修正資本主義ですが、山川出版社の解説でも言及されている通り、これは「社会保障制度」というものと密接な関係を持つ考え方です。

では、社会保障制度――いや、社会保障とは何か。

今度は、高校の教科書『高等学校 新政治・経済』（清水書院）から、その定義を引用してみましょう。

社会保障とは、国民個人の生活の安定が損なわれた場合に、健やかで安心できる生活を保障することを目的として、国などの公的機関が所得保障、医療および社会福祉などのサービスを提供することである。

例えば、病気やけがなどで働けなくなり、お給料を稼げなくなったとしても、国から「健やかで安心できる生活」を送るために必要なお金を給付してもらえる……といったシステムのことですね。

では、その財源はどうするか？

税金や保険料などになります。

国民の個々人が、自らの稼いだ所得から、税金や保険料を国などに納める。そのことにより財源が確保され、誰か困った人が現れた場合には、そこからお金が給付される。とすると国は、国民から所得の一部を集め、必要な人たちにそれを分配していることになります。もちろん、多くを稼ぐ人は多くを納めるわけですから、それが少ししか稼げない、あるいはなんらかの事情で稼ぐことのできない人に給付されるということは、結果として、高所得者から低所得者へと所得が移動していることを意味します。このようなシステムのことを、「所得の再分配」といいます。

そしてこの「所得の再分配」を可能とするための制度が、社会保障制度というわけですね。例えば失業保険や医療保険、あるいは生活保護などがそれに該当します。

その制度が、ニューディール政策に始まる修正資本主義、すなわち、政府が市場に積極的に介入するタイプの資本主義において、重要なものとなる。『高等学校 新政治・経済』にも、

アメリカではニューディール政策《せいさく》のなかで，社会保障ということばをはじめて使った社会保

障法が成立した（1935年）。イギリスでは，国民の最低限度の生活水準（ナショナル－ミニマム）を保障するよう求めたベバリッジ報告（1942年）をもとに，第二次世界大戦後，労働党政権によって「ゆりかごから墓場《はかば》まで」をスローガンとする社会保障制度が整備された。

と解説されています。

では、なぜ修正資本主義においては、「所得の再分配」を可能とする社会保障制度が重視されるのか。

ここで強調したいのは、社会保障制度を通じての「所得の再分配」もまた、政府による経済への積極的な介入であるという点です。

どういうことか。

社会保障制度を通じて「所得の再分配」が機能すると、例えば失業して給料を稼ぐことのできない人でも、国から「健やかで安心できる生活」を送るために必要なお金を給付してもらえる。したがって、日々の生活必需品を購入したり、嗜好品を買ったり、時には旅行に行って心をリフレッシュすることもできる――つまり、消費活動を行うことができる。そして市民個々人の消費活動は、経済を安定させ、景気を向上させる大切な要因であるわけですから、結果として、「所得の再分配」とは、まさに〈市場を機能させるための政府による経済への介入〉そのものであるということになるのです。

ちなみに、こうした社会保障制度を充実させていく国家のことを、「福祉国家」と呼びます。あるいは、国が市場に対する大きな権限を持つという点から、「大きな政府」などと呼ぶこともあります。つまり、ニューディール政策に始まる新しいタイプの経済システムとは、

修正資本主義…政府による市場・経済への積極的な介入＝大きな政府

（例）社会保障制度を通じた所得の再分配など＝福祉国家

などと整理することができるわけですね。

基本的に、20世紀中盤以降の資本主義は、この〈修正資本主義＝大きな政府＝福祉国家〉が世界の主流となります。

しかし、こうした考え方に、誰もが皆賛成したわけではありません。

例えばフリードリッヒ・フォン・ハイエク（1899〜1992）という経済学者がいるのですが、彼は社会主義（経済への国家の介入を全面的に行うと、社会主義になります！）を念頭に置いて、人間の操作によって経済や市場のコントロールができるなどという発想は、人間の理性なるものを極端に妄信する危険な思想である、と批判します。ハイエクは、そういった意味で、再分配政策も悪しき考え方であると思っていました。彼は、政府による市場や経済への介入

が始まると、その先には全体主義がもたらされる、と危惧してすらいたのです。ですからハイエクは、自由な経済活動を保障するアダム・スミスらの理論を支持し、「市場原理」を肯定する立場をとる。

このように、ハイエクは、生涯を通じて、アダム・スミス（一七二三―九〇）やデイヴィッド・ヒューム（一七一一―七六）の時代の古典的な自由主義の再生を、逆にいえば、「計画化」は「隷属への道」であると主張し続けました。

（根井雅弘『20世紀をつくった経済学 シュンペーター、ハイエク、ケインズ』ちくまプリマー新書）

そして、反ケインズ派の筆頭――すなわち、国家による経済への介入を認める修正資本主義や福祉国家という考え方を徹底的に否定し、自由主義を主張する経済学者として、ミルトン・フリードマン（1912～2006）の名前を挙げないわけにはいきません。先にも引用した清水書院の教科書にも、以下のように説明があります。

1973年の第一次石油危機によるスタグフレーションの発生をきっかけとして，ケインズ理論にもとづく福祉国家では，政府の役割が大きくなりすぎて，経済の効率性《こうりつせい》を阻害《そがい》するという批判を浴びるようになった。その先鋒となったのは，イギリスのサッチャー政権である。同

政権は，「小さな政府」を標榜《ひょうぼう》して，これまでとってきた福祉国家の路線を見直し，規制緩和や自由化を強力に進めた。アメリカのレーガン政権，日本の中曽根康弘政権も同じような路線をとった。

これらの考え方に大きな影響をあたえたのは，アメリカのフリードマンら，自由主義に立つ経済学者たちである。彼らは，政府の役割は小さいほうが経済の運営にはプラスであり，可能なかぎり市場とそのなかの競争に任せることが，経済問題を解決する最良の手段であると主張した。

（『高等学校 新政治・経済』清水書院）

まさに「市場原理」を追求する市場原理主義であり、しかも、アメリカ、イギリス、日本などの経済大国が、その理論に乗っかっていった——さらに言うなら、アメリカを筆頭とする西側諸国の経済にとって最大のライバルであったソ連邦が1991年に崩壊すると、アメリカを頂点とするこの新しい資本主義の形——新自由主義＝ネオリベラリズム——が、世界の市場や経済を一気に飲み込んでいくことになる。すなわち、グローバリゼーションという現象ですね。20世紀の中盤から後半までが修正資本主義の時代であったなら、20世紀の後半から、そして現在に至るまでが、新自由主義＝ネオリベラリズムの時代である、ということになります。なお、右の引用にも言及されていますが、こうした政策を是とする体制を、修正資本主義の「大きな政府」に対して、「小さな政府」と呼称します。

この、世界を席巻する新自由主義は、まさに、銀行や企業の活動の自由を保障し、もちろん、福祉政策をどんどん縮小していきます。

すると、どうなるか。

端的に言えば、大きな力を持つ巨大企業や巨大金融が世界経済を牛耳ることになります。逆に言えば、小さな企業や組織は、どんどん潰されていく。嫌な言葉にはなりますが、〈勝ち組／負け組〉の格差が、尋常ではないほどに開いていくということですね。

ここで、最初に引用した新聞記事に話を戻したいと思います。

[1]国内でのバイデン氏の喫緊の課題は、昨年のコロナ禍で「世界大恐慌以来、最悪の経済危機」に直面した米国の景気回復だ。バイデン氏は強力な財政出動と市場介入を伴う「大きな政府」にかじを切り、格差や差別などの構造的課題とあわせて取り組むと訴えた。

[2]「我々の民主主義が試されたもう一つの時代。フランクリン・ルーズベルトは国民に知らしめた。『我々はみな役目を果たす』と」

[3]強く意識するのは、恐慌後に大規模な公共事業を軸とするニューディール政策を進めた民主党ルーズベルト大統領だ。演説では、ニューディールの産業統制運動の標語となった言葉を掲げ、国民の団結を訴えた。

[4] ルーズベルトは恐慌と第2次世界大戦の危機を追い風に、急進的な増税による富の再分配を進めた。バイデン氏も演説で、育児や教育に焦点を当てた追加対策案の検討を議会に求めた。

なるほど。バイデン大統領が現状の「経済危機」を「世界大恐慌」に重ね合わせた理由は、20世紀後半以降の新自由主義＝ネオリベラリズムの限界を強調し、もう一度、〈修正資本主義＝福祉国家＝大きな政府〉へと転換する必要性を訴えるためだったのですね。[8]段落などにも、

[8] 70年代の石油危機後はニューディール後の「大きな政府」が行き詰まり、80年代のレーガン政権以降は民主党政権を含め、市場原理を重視し、グローバル化を推し進める政策が主流になった。（後略）

とありますが、背景的な教科知識を身につけているだけで、こうした記述をかなり具体的に読むことができる。学術的な文章のみならず、新聞記事のように一般向けに書かれた文章においても、「小中高の授業や教科書で学ぶ内容、あるいは読書で得られる教養が、『読む』という営みにおいてどれほど大切か」ということが、ご理解いただけたのではないかと思います。

ちなみに、自由競争の徹底を図る新自由主義は、繰り返しますが、〈勝ち組／負け組〉の

格差を拡大していきます。そのような状況において、〈負け組〉に位置する人々は、「自分たちのことなど、政府や国家は誰も考えてはくれない。自分たちは見捨てられたのだ」という不満を抱くことになります。そうしたとき、カリスマ性を持ったリーダー的人物がそうした不満を抱える人々に直接語りかけると、語りかけられた人々は、「この人だけは私の話を聞いてくれる！」と感動します。そしてそのカリスマ的指導者は、「現体制をぶっ壊せ！」「あなたたちがまともな仕事にありつけないのは、外国人労働者のせいだ。彼らを追い出せ！」などと過激な言葉で扇動する。このようにして大衆の支持を集めるような政治のありかたを「ポピュリズム」と言いますが、となると、新自由主義と「ポピュリズム」とは、密接な関係性があるとわかりますね。そしてこのような知識を有していれば、

（前略）自由化やグローバル化による成長から「忘れられた人々」という言い方は、トランプ氏が労働者層に支持を呼びかける際に好んで使ったものだ。（7段落）

（前略）中国の世界市場への参入が本格化すると、米製造業地帯に偏る形で経済的打撃が生じ、トランプ氏はその労働者層の不満を追い風に、大統領に就任した。（8段落）

あたりの内容も、具体的なイメージをもって読むことができたはずです。

3・読むことと知識 3

学術的な知識の重要性

ここまで、第1章、第2章と、「読むことと知識」というテーマで語彙や教科知識の重要性についてお話ししてきました。そして今回も、引き続き、読むという営みにおける知識の大切さについて、あれこれと述べてみたいと思います。

今回とくに注目したいのは、〝学術的な知識〟です。

中高で学ぶような基礎的な内容を超えた、例えば、大学の一般教養の講義や、あるいは岩波文庫や講談社学術文庫、平凡社ライブラリーなど、ちょっと背伸びをして読むような本から得られる知識を想定しています（もっともこれらのレーベルからは、僕たち素人が手を出せないような難解な書籍も多く刊行されていますが……）。

そういえば第1章でデカルト『方法序説』の言葉や考え方を紹介しましたが、いうなればそこで言及したことなども、教科書や入門書の範疇をやや超えた、いわゆる〝学術的な知識〟であったわけです。せっかくですので、今回も、この『方法序説』を糸口として、〝学術的な知識〟と「読み」との連関について、お話ししていきたいと思います。

さて、第1章では、デカルトの以下のような言葉を参照しました。

理性すなわち良識が、わたしたちを人間たらしめ、動物から区別する唯一のものである

「わたしは考える、ゆえにわたしは存在する〔ワレ惟《おも》ウ、故ニワレ在《あ》リ〕」

（デカルト『方法序説』谷川多佳子訳 岩波文庫）

簡単に言えば、デカルトは、人間存在の核に「理性」というものを考え、そして、その理性の働き、すなわち「考える」という行為に、自己の存在の根拠を置いたわけです。つまりは、理性中心主義ですね。となると、人間存在の中心である「理性」あるいはそれが宿る場である「精神」や「魂」に対し、人間存在のもう一方、すなわち「身体」や「肉体」と呼ばれる領域については、非中心的なものとして下に見ることになる。つまりデカルトの人間観は、はっきりと、〈精神・魂・理性＝中心／身体＝非中心〉というイメージを持っているのですね。それは、以下の文言からも、明白に読み取ることができるでしょう。

（前略）魂は、身体〔物体〕からまったく区別され、しかも身体〔物体〕より認識しやすく、たとえ身体〔物質〕が無かったとしても、完全に今あるままのものであることに変わりはない

しかし、こうした人間の捉え方は、何もデカルトに象徴される近代哲学に固有のものではありませんでした。遠く古代ギリシャの哲学者、ソクラテス（紀元前399年没）もまた、人間存在を〈魂／肉体〉に分けて考え、さらに、〈魂〉に対して〈肉体〉を下に見るような言葉を残しています（なお、ソクラテスは書物を著していないので、その思想はほぼすべて、弟子のプラトンの著作のなかに紹介されています）。

（前略）思惟が最も見事に働くのは、魂が聴覚、視覚、苦痛、快楽といった肉体的なものにわずらわされることなく、肉体を離れて、できるだけ魂だけになって、肉体との協力も接触も能《あた》うかぎりこばみ、ものの真実を追求するときなのだ

（前略）何よりも最も悪いことは、たとえわれわれがしばらくのあいだ肉体からひまをとって、何かの探究に向ったとしても、その研究のさなかにあって、またまた肉体が至るところで邪魔をして、われわれの心を掻き乱し、混乱させ、驚かせ、その結果われわれは肉体のおかげで真実を見ることができなくなることだ。

もし何かを純粋に見ようとするなら、肉体から離れて、魂そのものによって、物そのものを

見なければならないということは、われわれには確かに明白な事実なのだ。

（プラトーン「パイドーン」『ソークラテースの弁明・クリトーン・パイドーン』田中美知太郎・池田美恵訳　新潮文庫）

　なかなかに徹底していますね。「肉体」によって我々の「魂」は邪魔をされ、純粋に「思惟」する（＝考える）ことができなくなる。「魂」を「肉体」から分離し、純粋に「思惟」することによって初めて、人は「ものの真実」を追求することができるのだ――ざっくりまとめてしまうと、そのようなことを言っている。少なくとも人間観については、古代ギリシャの哲学者ソクラテスと近代哲学の父デカルトとのあいだには、明らかな共通性があるわけです。そのわけは、西欧の哲学や学問の系譜を参照するとよくわかります。

　ソクラテスやプラトンの思想は、その後、紆余曲折を経て、例えば4〜5世紀に活躍したアウレリウス・アウグスティヌスによって、発展的に継承されていくことになります。具体的には、キリスト教の思想と、融合する。そして、中世キリスト教学、さらにはスコラ哲学と続いていきます。デカルトは、スコラ哲学の中から現れ、そしてスコラ哲学への批判も加えるのですが、もちろん、すべてを否定したわけではない。つまり、デカルト哲学には、スコラ哲学から受け継いだ要素もある。となると、そこから過去に遡っていけば、ソクラテスやプラトンの思想にまでたどり着くことになるという寸法です。もちろん多様な思想家・哲学者が存在しますから、皆が皆、というわけではありませんが、しかしながら、西欧哲学の系譜において、人間を〈精神・魂・理性＝中心／身体＝非中心〉と捉える見方は、間違いなく、メジャーなものとしてあったと言えるでしょう。

では、ここで今回の 資料 を読んでいただこうと思います。

今回も、新聞記事からの紹介になります。

資料

[1] 私が属する国際放射線防護委員会（ＩＣＲＰ）は、放射線による健康被害を防ぐために勧告する民間学術会議です。

[2] 原爆や核実験などの歴史を経て世間の放射線への関心はとても高い。しかし、その科学的安全性を巡って専門家との間に認識のギャップがあります。専門家は「社会がなかなか理解してくれない」と感じる一方、社会の側には「専門家の間でも意見が異なる」という不満があるのです。

[3] 1986年のチェルノブイリと2011年の福島第一という二つの原子力発電所の大事故は、両者のギャップを広げました。専門家はそれまで比較的慎重に放射線の安全性を判断してきましたが、社会の信頼は失われました。

[4] さらに放射線の安全性のとらえ方が変わってきて、難しさが増しています。従来は客観的な

一つの基準があり、それを満たせば安全と考えられがちでした。近年の焦点は、線量が低い放射線による発生頻度や確率が小さい健康影響です。この領域では放射線の影響は他の要因の影響に隠れて見えにくくなりますが、影響がないといえる生物学的根拠もまだ得られていません。

5 昨年12月、私が福島の事故を踏まえて提言をまとめた際は、難しさを実感しました。回復期の年間被曝《ひばく》線量の参考値を「10ミリシーベルト以下から選択」とし、従来の考えを明確にしようとしたところ、市民、専門家双方から新しい数値に異論が噴出。一つの固定的数値で安全に向き合う間違いを避ける意図でしたが、理解されませんでした。

6 線量は安全性を語るうえで有力な物差しですが、それだけで人々を納得させることはできません。科学は常に不完全で限界がある。どうしても残る「不確かさ」の正体も含めて社会と共有し、どう扱うか話し合って決めていくしかないのです。ICRPなど国際的な組織でも、専門家だけでなく、関心の高いステークホルダーと共に合意をつくる過程こそが重要だ、とする考え方が主流になっています。

7 放射線が持つ「社会的意味」も考慮すべきです。医療で使う放射線と原発事故で発生した放射線は物理的には同じでも、社会的意味はまったく異なるからです。トリチウムを含む処理水の海洋放出の科学的安全性が大問題でなくても、漁業関係者ら福島県の人々が苦しんできた社会・経済的な影響を無視することはできません。漁業関係者やアジア諸国とも対話しながら、モニタリングや情報公開体制を整備し、合意を積み重ねていくしかありません。
[8]対話で大切なのは言葉です。いま安全について専門家や行政は自然科学以外の言葉を持ちあわせていません。もっと社会科学系の専門家と協力し、通じる言葉を共有していくべきだと思います。
（「朝日新聞」2021年5月11日火曜日朝刊15面〈耕論〉「合意なき海洋放出」甲《か》斐《い》倫明《みちあき》「科学の限界 対話で埋めて」全文）

どうでしょうか。

この記事の趣旨や主張はともかく、「なんでこの文脈で、この記事を引用するんだ？」と首をかしげている方もいらっしゃるかもしれません。

記事の書き手は、「国際放射線防護委員会（ＩＣＲＰ）」に属する人物です。つまり、科学という学問に、深く携わっている。そんな人物が、「放射線」をめぐり、「専門家」と「世間」とのあいだに存在するギャップ（[2]段落）について指摘したうえで、

科学は常に不完全で限界がある。どうしても残る「不確かさ」の正体も含めて社会と共有し、どう扱うか話し合って決めていくしかないのです。（[6]段落）

対話で大切なのは言葉です。いま安全について専門家や行政は自然科学以外の言葉を持ちあわせていません。（8段落）

などと、「科学」の「限界」について言及しています。繰り返しますが、「科学」という学問に深く携わる人物が、です。

もし、このような記事をデカルトが読んだなら、どのように反応するでしょうか。

おそらく、非常に驚いたのではないでしょうか。

デカルトの『方法序説』で最も人口に膾炙《かいしゃ》したフレーズは、やはり「わたしは考える、ゆえにわたしは存在する」でしょう。けれども、同書の第六部にも、とても有名な――というか、悪名高き文言があります。

『方法序説』第六部は、「今から三年前」に、とある「知らせ」に接したということへの言及から始まります。その「知らせ」とは、ローマ法王庁宗教裁判所が、「ある人によって少し前に発表された自然学の一意見を否認した」というものでした。

「ある人」とは、ガリレオ・ガリレイのこと。

そして「自然学の一意見」とは、そのガリレイの著した『天文対話』。

宗教裁判所は、これをコペルニクスの地動説をとる考え方であるとして、頑として認めなかったのですね。有名な逸話なので、ご存じの方も多いかと思います。

ともあれデカルトは、そのことについてしばらくあれこれと論じたあとに、「自然学」をめぐり、以下のような発言をする。

なぜなら、これらの知見は次のことをわたしに理解させたから。すなわち、われわれが人生にきわめて有用な知識に到達することが可能であり、学校で教えているあの思弁哲学の代わりに、実践的な哲学を見いだすことができ、この実践的な哲学によって、火、水、空気、星、天空その他われわれをとりまくすべての物体の力や作用を、職人のさまざまな技能を知るようにはっきりと知って、同じようにしてそれらの物体をそれぞれ適切な用途にもちいることができ、こうしてわれわれをいわば自然の主人にして所有者たらしめることである。

なお、引用一文目の「これらの知見」とは、「自然学」についての「知見」を指しています。それを知ったデカルトは、「これらを隠しておくこと」は、「万人の一般的幸福」を損ねる「大きな罪」となる、と宣言したうえで、その理由をこうまとめたわけです。

もちろん、ここでいう「自然学」とは、サイエンス、すなわち自然科学のことです。つまりデカルトは、その自然科学という「実践的な哲学」が、「われわれをいわば自然の主人にして所有者たらしめる」と断言する。すなわち、

自然科学を追究していけば、人間は、自然を支配することができる!

ということですね。

そしてその科学の代表として、デカルトは「医学」を挙げます。現在の「医学」がいかに不十分なものであれ、それを発展させていけば、

身体ならびに精神の無数の病気、そしておそらくは老衰さえも、われわれがその原因を知り、自然が提供してくれる医薬すべてについて十分な知識を持つならば、免れうることである。

とまで言っているのです。なお、同時代の哲学者フランシス・ベーコンも「知は力なり」という言葉で同じような趣旨のことを述べています。時代の共通感覚であった――かどうかはわかりませんが、こうした〈科学による自然の統御〉という発想がデカルト一人に固有の考え方ではなかったという点は、近代という時代を考えるうえで、とても大切なことだと思います。

さて、繰り返しますが、デカルトは、いや、その思想的淵源の一つであるはずのソクラテスやプラトンも、人間存在のなかで、〈魂＝精神〉とりわけ〈理性〉なるものに特権的な地

位を与えていました。そしてそのようなデカルトが「自然学」すなわち科学に全幅の信頼を置いた以上、デカルトにとって、まさに科学こそが、理性を体現するような学問であったということになります。近代科学の登場や発展は、それまでの時代の思考の枠組みを一変させたということはしばしば語られますし、確かにそういった側面は、間違いなく大きかったと言えます。しかしながら、この理性中心主義という点に鑑みるなら、古代ギリシャの哲学から、実は近代以降の科学にもつながっていくような連続性を認めることができるのではないでしょうか。

となると、資料の筆者による主張は、いったいどのような意味を持つことになるのか。筆者は「科学は常に不完全で限界がある」と、科学の限界を指摘していました。そして、科学がソクラテスやプラトンからデカルトに至るまでの理性中心主義を極限まで追究したものであるなら、筆者による科学批判について、それを西欧の学問に連綿と継承されてきた理性中心主義を批判する行為であると意味付けることも可能なのです。

どうでしょう。

こうした〝学術的な知識〟を手にしてから読むと、資料の筆者の主張は、さらに重みを持ったものとして感じられるのではないでしょうか。

念のため付言しておくと、ここでの解釈は、別に資料の筆者がプラトンやデカルトを念頭において科学を批判することを意図していた、ということを述べているわけではありません。あくまで、現代社会においてこうした発言をすると、このような意味を持ちうる、という一つの考え方を紹介しているのだということは、ご理解ください。

さらに考察していきましょう。

筆者の意図がどうであれ、科学を批判する言説は、ソクラテスからデカルトに至るまで継承されてきた西欧の理性中心主義を批判する、という意味を持ち得ます。そして実は、この理性中心主義批判というスタンスは、思想史のなかでかなり重要な位置を占めるテーマでもあるんですね。

例えば、フリードリヒ・ニーチェという哲学者がいます。

１９００年に亡くなっているので、まさに世紀末に活躍した人ということになりますね。

そしてそのニーチェの主著に、『ツァラトゥストラはこう言った』という書物があります。昔の翻訳では、『ツァラトゥストラはかく語りき』などと訳されていました。哲学書というより長大な詩編といったほうがしっくりくるような、論理的というより象徴的、比喩的、イメージ喚起的な叙述で書かれた本です。

ツァラトゥストラとは、ゾロアスター教の創立者であるゾロアスターのこと。

そしてそのゾロアスター、いや、ツァラトゥストラが主人公となり、自己の遍歴や、様々な思想や宇宙観、あるいは警句などを情熱的に語っていく……という内容になっています。

「超人は大地の意義である」なんていう、なんだかわかったようなわからないような、それでいて胸に刺さる、かっこいいフレーズが満載の哲学書です。そういった〝かっこいいフレーズ〟を見つけるために読む、なんていう読み方も、おもしろいかもしれません。気になった方は、ぜひ、トライしてみてください。

さて、そんなツァラトゥストラなのですが、とあるシーンで、彼は「身体を軽蔑する者」に語りかけます。

「身体を軽蔑する者」。

そうですね。つまりは、古代ギリシャのソクラテスやプラトンから、そして近代哲学にまで継承されてきた、〈精神・魂・理性＝中心／身体＝非中心〉という人間観の持ち主のことです。そんな人間たちに向かい、ツァラトゥストラは、

身体はひとつの大きな理性だ。

（ニーチェ『ツァラトゥストラはこう言った（上）』氷上英廣《ひかみひでひろ》訳　岩波文庫）

と言い放つ。

身体が理性である……何を言っているのか明白に定義することはなかなかに難しいと思いますが、しかしながらそれでも、ツァラトゥストラが、「身体」と「理性」との関係におけ

る後者の優位性を否定していることは、はっきりとわかるのではないでしょうか。さらに、

あなたが「精神」と呼んでいるあなたの小さな理性も、あなたの身体の道具なのだ。

という言葉に至っては、はっきりと、「理性」は「身体の道具」であると断言しています。『ツァラトゥストラはこう言った』には様々な主題を読み取ることができますが、しかしながら、それが理性中心主義批判という明白なメッセージを持っていることは、間違いないと言えるでしょう。

また、ツァラトゥストラは、

わが兄弟よ、あなたの思想と感情の背後には、強力な支配者、知られざる賢者がひかえている、——それが本物の「おのれ」というものなのだ。あなたの身体のなかに、かれは住んでいる。あなたの身体は、かれなのだ。

とも述べています。

彼の説く、「本物の『おのれ』」とは何か。

「知られざる」もの——すなわち決して本人には自覚され得ないものとして、「身体のなか」

に住んでいる「かれ」、すなわち他者。そのような他者こそが、「本物の『おのれ』」として、自己を支配している——。

自己は決してその存在を自覚することのない、内なる他者。

しかしながら、自己を「強力」に「支配」するもの。

ツァラトゥストラの言う「本物の『おのれ』」の定義を解釈すればするほど、僕にはそれが、〝無意識〟のことを言っているように思えて仕方ありません。

20世紀前半に活躍した精神分析医のジークムント・フロイトは、様々な臨床実験をもとに、

精神分析は、無意識の思考や無意識の意欲があると主張せざるをえないのです。

（フロイト『精神分析学入門Ⅰ』懸田克躬訳 中公クラシックス）

と結論するに至ります。つまり人間の精神（＝心的構造）を、〈意識／無意識〉に分節して考えるのですが、ここでの「意識」が、まさにデカルトの言うような「理性」とかなり近い概念であることをご理解ください。そしてフロイトは、人間の「意識」すなわち「理性」は、自己にとって決して自覚することのできない不可知、不可触の領域である「無意識」に、しばしば支配されてしまうことを説きます。以下の言葉からも、そのようなイメージをつかむこ

とができるのではないでしょうか。

意識的過程は心的活動の一つの作用面であり、部分であるにすぎない

結果、フロイト自身の意図がどうあれ、彼の想定した「無意識」という領域は、これもやはり「理性」の絶対性を脅かし、理性中心主義を動揺させるに十分な力を持っていたのでした。

そしてここまでくれば、これまた19～20世紀に活躍した言語学者、フェルディナン・ド・ソシュールの名前を挙げないわけにはいかない。

ソシュールは、様々な二項対立の組み合わせを用いて、言語というものを考究しようとした学者でした。ここでは、〈ラング／パロール〉という概念について、ちょっとだけ参照したいと思います。

まず、〈パロール〉とは、話し言葉のこと。もう少し詳しく説明すれば、実際に個人の口から発せられた言葉のことです。

しかし、この〈パロール〉が〈パロール〉として機能するためには、それを成立させるための法則性が必要となる。例えば、「おはよう」という音が〈朝のあいさつ〉を意味するという〝法則〟や、「水、飲む」という並びにおいては〈水＝目的語／飲む＝動詞〉になるという〝法則〟等々、言葉が言葉として使用されるうえでは、そこには無数のルールが存在しているはずですよね。それらがなければ、発せられた言葉は、言葉ではなく、単なる雑音になってしまいます。そして、このように、〈パロール〉を〈パロール〉として成立させるための法則性のシステムのことを、〈ラング〉と呼ぶわけです。

さて、先に述べたとおり、〈パロール〉は必ず、個人の口から発せられます。そりゃそうです。一つの音を、皆で発声することなど絶対にできませんからね。

これに対して、〈ラング〉は、決して個人の所有物にはなりません。

例えば日本語一つをとってみても、それを成立させている法則性のシステムは、長い長い時をかけてほとんど無限に等しい人々の言語使用のなかで構築されてきたものであり、かつ、今現在に視野を限定しても、それは、日本語話者の全員によって共有されているものであるわけですから。そして、そのような、個人の所有には決してなり得ない、おびただしい数の人々によって共有される〈ラング〉を土台とすることで、僕たちの個人的な発話である〈パロール〉は成り立っている……。

デカルトは、理性、そして、〝その理性の働きとしての思惟＝論理的推論＝思考〟に絶対的な信頼を置きました。

しかし、考えてみてください。

僕たちは、思考という営みを、必ず、言葉によって行います。

そして、その言葉による思考は、たとえ発声されなくとも、心のなかでつぶやかれた〈パロール〉であるわけです。

となると、どうなるか。

仮に僕たちの〈パロール〉が〈ラング〉の力を得て初めて機能するなら、そして、その〈ラング〉が個人の所有には決してなり得ない、おびただしい数の人々によって共有されるシステムであるなら、僕たちの〈パロール〉は、そうした巨大なシステムに依存して成立する、非自律的な営みであるということになる。そして思考もまた〈パロール〉である以上、結果として……

理性の働きとしての思考もまた、ラングという超個人的なシステムに依存している！

と結論されるわけです。誇張して言うなら、〈僕たちは、自身で理性的に考えているつもりでも、実は、ラングという巨大なシステムのなかで考えさせられている〉ということです。

なお、ソシュール言語学について学ぶには、ソシュールの講義をまとめた『一般言語学講義』を読むよりも、丸山圭三郎という学者の本を読むことをお勧めします。前者は書物として書かれたものではないので、ちょっと読みにくいんですよね。

ニーチェ、フロイト、そしてソシュール。

彼らの思想は、本人が意図していようがいまいが、結果として、西欧哲学、そして科学へと連綿と受け継がれてきた理性中心主義を動揺させる力を有していました。そしてこうした先駆者たちの思想を援用し、まさに自覚的に理性中心主義を徹底的に批判しようと試みたのが、20世紀後半以降に思想史の主流となる、ポストモダン思想と呼ばれる一連の言説だったのです。

では、なぜ彼らは理性中心主義を批判したのか？

そこにはたくさんの理由が考えられますが、一つには間違いなく、理性中心主義の権化とも言える近代科学が、人類に数多くの恩恵をもたらしながらも、同時に、様々な問題を引き起こしてしまったからということがあるでしょう。

では、21世紀の現在、理性中心主義を批判するポストモダン思想は、すでに過去の遺物となってしまったのでしょうか。

もちろん、ポストモダン思想にはポストモダン思想で、いろいろとやっかいな点もあり、今では多くの批判も加えられ、あるいは、ポストモダン思想を乗り越えていくことを一つの目標として考えるようなムードもあります。

けれども、資料の筆者は、「科学は常に不完全で限界がある」ということを訴えていました。それをあえて文章にして訴えるということは、裏を返せば、「科学」というものを無批判に信じることがいまだ社会の常識として市民権を維持していることの証拠であるとも言えます。つまり、科学が人間を「自然の主人にして所有者」にしてくれると断言したデカルトの哲学は、いまだ生きている。すなわち、西欧哲学に連綿と受け継がれてきた理性中心主義は、現代においてもなお、強力なイデオロギーとして君臨しているということになります。であるなら、それを不断に批判していくポストモダン思想の役割は、決して終わったとは言えない。資料の筆者の主張には、そういったメッセージを解釈することもできるのです。筆者がそれを意図しているかどうかは別として。

4・読むことと知識 4

同時代言説の重要性

ここまで、「読むことと知識」について、語彙、教科的な知識、学術的な知識などの重要性に言及してきました。そして今回は、「同時代言説」というものに着目してみたいと思います。この章をもって、「読むことと知識」についてのお話はおしまいということになりますので、あと少しだけ、お付き合いくださいね。

今回参照したい 資料 は、寺田寅彦の「流言蜚語《ひご》」というエッセイです。引用は部分部分の抜粋という形にしますが、全文で二千数百字程度しかない短い文章で、しかも青空文庫からダウンロードできますので、ぜひ通しで読んでみてください。

題にもなっている「流言蜚語」とは、根拠のない噂が拡散していくこと、要するにデマのたぐいを言うわけですが、寺田は、そんな流言蜚語を、とある科学の実験に重ね合わせて説明します。何かしらの管に、適切な割合で混合された水素と酸素を入れておけば、それが媒質となり、生じさせた火花が一気に伝播する。そして最終的には、爆発に至る――そのような過程を挙げて、流言蜚語も同じだと言うのです。流言蜚語における、〈きちんとした科学的常識を有していない市民が媒質となり、誰かがつぶやいた噂（＝火花）が一気に拡散（＝伝播）する。そして最後には惨事（＝爆発）に帰結する〉という構造を指摘することで。

では、そうしたことを述べる「流言蜚語」から、いくつか、解釈してみたい一節を引用してみます。なお、各引用の上のアルファベットは、便宜上、僕が付したものです。

資料

A　もし、ある機会に、東京市中に、ある流言蜚語の現象が行われたとすれば、その責任の少なくも半分は市民自身が負わなければならない。事によるとその九割以上も負わなければならないかもしれない。

B　「今夜の三時に大地震がある」という流言を発したものがあったと仮定する。

C　大地震、大火事の最中に、暴徒が起って東京中の井戸に毒薬を投じ、主要な建物に爆弾を投じつつあるという流言が放たれたとする。

D　適当な科学的常識は、事に臨んで吾々に「科学的な省察《せいさつ》の機会と余裕」を与える。そういう省察の行われるところにはいわゆる流言蜚語のごときものは著しくその熱度と伝播能力を弱められなければならない。たとえ省察の結果が誤っていて、そのために流言が実現されるような事があっても、少なくも文化的市民としての甚だしい恥辱を曝《さら》す事なくて済みはしないかと思われるのである。

（寺田寅彦「流言蜚語」）

A～Dの叙述にはとある共通点があるのですが、気づきましたでしょうか。
まずは、A～Dそれぞれの叙述について、もう少しだけ細かく見ていきましょう。

A　もし、ある機会に、東京市中に、ある流言蜚語の現象が行われたとすれば、その責任の少なくも半分は市民自身が負わなければならない。事によるとその九割以上も負わなければならないかもしれない。

この一節は、

もし東京に流言蜚語が生じたとするならば、市民が媒質となってそれを拡散させたのだから、市民が責任をとらなくてはならない。

ということを言っています。仮定の話、ということですね。

B　「今夜の三時に大地震がある」という流言を発したものがあったと仮定する。

C　大地震、大火事の最中に、暴徒が起って東京中の井戸に毒薬を投じ、主要な建物に爆弾を投じつつあるという流言が放たれたとする。

この二つは、読んでそのままの内容です。「大地震」云々と「毒薬」「爆弾」云々は、ともに流言蜚語の具体例です。それを、「と仮定する」「放たれたとする」と、やはりあくまで仮定のこととして記述している。

D　適当な科学的常識は、事に臨んで吾々に「科学的な省察《せいさつ》の機会と余裕」を与える。そういう省察の行われるところにはいわゆる流言蜚語のごときものは著しくその熱度と伝播能力を弱められなければならない。たとえ省察の結果が誤っていて、そのために流言が実現されるような事があっても、少なくも文化的市民としての甚だしい恥辱を曝《さら》す事なくて済みはしないかと思われるのである。

この一節については、「もし」や「と仮定する」といった表現はありませんが、それでも全体として、

もし適切な科学的な常識を市民が持っていてきちんと省察を行うことができたなら、文化的市民としての甚だしい恥辱を曝す事なく済むだろう。

と、仮定を前提とした記述として読み取ることができるはずです。これらA〜Dの引用からもわかるように、寺田寅彦は、この「流言蜚語」というエッセイのなかで、執拗なほどに仮定条件を用いた文章を書いているのですね。

では、それはなぜか……？

それを考える前に、まず、これら仮定を前提として記述された文章が、このエッセイを読み終えた際、どのように読み換えられねばならないか、ということを確認しておきたいと思います。出典を直接読んだ方はお気づきだと思いますが、これら仮定の記述は、決して、字義通りに読んではいけないものなのです。なぜなら、このエッセイには、最後に、「大正十三年九月『東京日日新聞』」と記されてあるからです。

大正十三年の九月。

このエッセイの内容に鑑みるに、この日付が何を意味するのかは明らかなはずです。

もちろん、大正十二年九月一日に起きた、関東大震災の一年後、それを意味する日付であるわけですね。

そして、そこに飛び交った流言蜚語……。

例えば児童雑誌「赤い鳥」を創刊したことで有名な童話作家の鈴木三重吉は、震災当時のことを、このように振り返っています。

一日二日《ふつか》の夜は、ばく弾をもった或《ある》暴徒がおそって来るとか、どこどこの囚人が何千人にげこんで来たというような、根もない流言によって、一部の人々は非常におびえさわぎました。むろん電灯もつかないので夜は家の中もまっくらです。いろいろ物《ぶっ》そうなので、町々では青年団なぞがそれぞれ自警団を作り、うろんくさいものがいりこむのをふせいだり、火の番をしたりして警戒しました。

（鈴木三重吉「大震火災記」）

「或暴徒」と、それが誰であるかは伏せられていますが、ともあれ「暴徒」が襲ってくるという「根もない流言」に怯えた市民たちが、「自警団」を作って警戒にあたったことが記されています。あるいは、詩人北原白秋も、以下のような文章を残しています。

かういふ非常の際には人人はその平生の常識をさへ失つて了《しま》ふ。恐るべきを恐れずして、恐るべからざるものを恐るるは怯《きょう》か愚である。自ら警《いまし》むべきの何たるかを知らずして、また何か警めむと為《し》たであらうか。

だが、警察では早くも市民の義勇隊を募つた。町の人人は狂奔した。噂は噂を生んだ。竹槍、銃器、刀剣の類は取り出された。

（北原白秋「竹林生活――震災手記断片――」）

やや難しい書き方にはなっていますが、「狂奔」あるいは「噂は噂を生んだ」などの言葉に、生々しさを感じます。白秋は、はっきりと、人々が「平生の常識」を失ってしまっていたと明言しています。

さらに、関東大震災をめぐる作家や学者、思想家、ジャーナリストたちの証言や言葉を、参照してみましょう。

そういう不安な日の夕ぐれ近く、鮮人放火の流言が伝わって来た。我々はその真偽を確かめようとするよりも、いきなりそれに対する抵抗の衝動を感じた。これまでは抵抗しがたい天災の力に慄《ふる》え戦《おのの》いていたのであったが、このときに突如としてその心の態度が消極的から積極的へ移ったのである。自分は洋服に着換え靴をはいて身を堅めた。米と芋と子供のための菓子とを持ち出して、火事のときにはこれだけを持って明治神宮へ逃げろと言いつけた。日がくれると急製の天幕のなかへ女子供を入れて、その外に木刀を持って張り番をした。（中略）もうすぐそこにつけ火や人殺しが迫って来たのだと思った。この瞬間が自分にとってはあの流言から受けたさまざまの印象の内の最も恐ろしいものであった。もとより火を消す必要もなく、また放火者が近づいて来たわけでもなかったのであるが、こうして我々は全市を揺り動かしている恐慌《きょうこう》にたちまちにして感染したのである。
　夜じゅう何者かを追いかける叫び声が諸々方々で聞こえた。思うにそれは天災で萎縮《いしゅく》していた心が反撥し抵抗する叫び声であった。（後略）

（和辻哲郎「地異印象記」）

「古寺巡礼」「風土」などで著名な哲学者、和辻哲郎の文章です。鈴木三重吉が「或暴徒」とぼやかして書いていたところを、はっきりと、「鮮人」と明言しています。彼らが「放火」をするという「流言」が伝わってきた、と（「鮮人」あるいはこの後で引用する文章中に登場する「不逞鮮人」は、朝鮮をルーツとする人々に対する蔑称です。歴史的資料を参照する文脈以外で使用すべき言葉ではないことは、ここに断言しておきたく思います）。文章には、そこで和辻自身が感じた恐怖がリアルに語られていますが、ただし「もとより火を消す必要もなく、また放火者が近づいて来たわけでもなかったのである」と、まさに根拠も何もない、単なるデマであったことがはっきりと述べられていますね。「天災で萎縮していた心」――つまりは、どうあがいたところで人知で対抗することのできない地震の恐怖に震えあがっていた市民たちが、「鮮人」による暴動というデマが流布していくなかで、恐怖の矛先を「鮮人」にすり替え、彼らに転化していったということでしょう。ある種の、ねじれた自己防衛本能が発動されたわけです。その結果、この稀代《きだい》の哲学者すらもが、「全市を揺り動かしている恐慌にたちまちにして感染」してしまう。寺田寅彦の弟子であり、雪を人工的に作ることに成功した物理科学者、中谷宇吉郎の以下の文章からも、同様の状況、光景を具体的に読み取ることができます。「不逞鮮人《ふていせんじん》事件という不幸な流言」あるいは「全く根も葉もない流言」という言い方に、まさにその出来事の渦中を生きた中谷の痛恨なる思いを読み取ることができるのではないでしょうか。

流言蜚語の培養層を、無智《むち》な百姓女や労働者のような人々の間だけに求めるのは、大変な間違いである。関東大震災の時にも、今度と同じような経験をしたことがある。あの時にも不《ふ》逞鮮人《ていせんじん》事件という不幸な流言があった。上野で焼け出された私たちの一家は、本郷《ほんごう》の友人の家へ逃げた。大火が漸《ようや》くおさまっても流言は絶えない。三日目かの朝、駒込《こまごめ》の肴町《さかなまち》の坂上へ出て見ると、道路は不安気《げ》な顔付をした人で一杯である。その間を警視庁の騎馬巡査が一人、人々を左右に散らしながら、遠くの坂下から馳《か》け上って来た。そして坂上でちょっと馬を止めて「唯今六郷川《ただいまろくごうがわ》を挟んで彼我《ひが》交戦中であるが、何時《いつ》あの線が破れるかもしれないから、皆さん

その準備を願います」と大声で怒鳴ってまた駈けて行った。もう二十年以上も前のことであるが、あの時の状景は今でもありありと思い浮《うか》べることが出来る。勿論《もちろん》全く根も葉もない流言であった。

（中谷宇吉郎「流言蜚語」）

次に紹介する、小説家、そして社会活動家でもある宮本百合子の手記は、日記、メモ書き的な書かれ方であるだけに、逆により一層、その出来事の進行するなかで切迫する人間心理のありようをうかがうことができます。

九月六日に聞いた話

（中略）

○不逞鮮人に対する警戒はきびしく思いちがいで殺された人間（鮮人、邦人）が多い。二日三日の夜には、皆気が立ち、町内の有志が抜刀で、ピストルを持ち、歩いた。四日頃からそのような武器を持つことはとめられ、みな樫の棍棒を持つことになった。

（宮本百合子「大正十二年九月一日よりの東京・横浜間大震火災についての記録」）

宮本の手記には、ここ以外にも、「不逞鮮人」をめぐる〝恐怖〟の伝播がどのようなものであったのかを伝える箇所が多々あります。これも青空文庫で読むことができるので、ぜひ、目を通してみてください。

ただしここでは、引用箇所を右の一節だけに絞りました。

それはなぜか。

ここに、看過できない記述が、しかと書き込まれているからです。

不逞鮮人に対する警戒はきびしく思いちがいで殺された人間（鮮人、邦人）が多い。

宮本は、はっきりと、そう書いています。多くの「鮮人」が、「思いちがい」によって「殺され」てしまった、と。根も葉もないデマは、まさに市民を媒質として一気に拡散され、そして、爆発——虐殺という最悪の結末を迎えてしまったわけです。

朝鮮人あまた殺され
その血百里の間に連なれり
われ怒りて視る、何の惨虐ぞ

（萩原朔太郎「近日所感」）

『月に吠える』『青猫』などで口語自由詩を確立したあの偉大な詩人、萩原朔太郎のこの作品については、もはや何の説明もいらないでしょう。

ただ、気になるのは宮本の手記のなかに、「鮮人」のみならず「邦人」も「思いちがい」によって「殺され」た、とあることです。これはどういうことか。

鮮人襲来の流言蜚語が八方に飛ぶと共に、鮮人の背後に社会主義者があるという声がイツとなく高くなって、鮮人狩が主義者狩となり、主義者の身辺が段々危うくなった。

（内田魯庵「最後の大杉」）

ドストエフスキー『罪と罰』、トルストイ『復活』などを翻訳した文学者、内田魯庵のこの一節には、「鮮人襲来の流言蜚語」から始まった「鮮人狩」が、「社会主義者」を標的とする「主義者狩」へとなっていったことを語っています。「邦人」でも、「主義者」と疑われれば、虐殺の対象となったということです。表題の「最後の大杉」の「大杉」とは、もちろん大杉栄のことです。無政府主義者の大杉は、関東大震災の混乱のなかで、妻である伊藤野枝、そして甥とともに、憲兵大尉甘粕正彦に虐殺されています。いわゆる、甘粕事件ですね。

そして、虐殺の対象になった「邦人」は、アナキストや社会運動家だけではありませんでした。以下の直木三十五の文章を読んでみましょう。あの、直木賞の由来となる小説家です。

（前略）大震災の時に、私の情婦を、巣鴨へ訪ねて行って、帰り途、護国寺の前へくると、自警団につかまってしまった。

「お前、朝鮮人だろう」

と、一人が云《い》うが早いか、ぐるぐると取り巻かれてしまった。

「戯談《じょうだん》云っちゃあ困る」

「いや、朝鮮人だ」

「何んな面だ」

とか

「ちがうちがう、日本人だ」

とか、いろいろ周囲で騒いで、無事に納まったが、これで見ると、朝鮮式の所も、多少はあるらしい。

（直木三十五「死までを語る」）

このようなかたちで、「自警団」の連中は、〝怪しい〟と思われる人間を尋問したようです。

実は、先に参照した宮本の文章にも、こうした尋問についての言及があります。

つかまった鮮人のケンギの者にイロハニを云わせて見るのだそうだ。そして発音があやしいと忽《たちま》ちやられる。

「やられる」というのは、本当に〝殺される〟ということなのでしょう。そして、「自警団」の連中は、相手が「鮮人」であるかどうかを確かめるために、日本語を発音させる。その発音によって、相手が「鮮人」か日本人であるかを判断する、というわけです。

ここにさらなる悲劇が生じました。

いわゆる「邦人」でありながら、この「イロハニ」を、うまく発音できない人たちがいた。つまりは、聴覚障害を持つ方々――ろう者ですね。流言蜚語によって殺された罪もない人々の命のなかには、こうした人々も含まれていたのです。

ここで、もう一度、寺田寅彦「流言蜚語」を引用してみたいと思います。

A　**もし、ある機会に、東京市中に、ある流言蜚語の現象が行われたとすれば、その責任の少なくも半分は市民自身が負わなければならない。事によるとその九割以上も負わなければならないかもしれない。**

B　「今夜の三時に大地震がある」という流言を発したものがあったと仮定する。

C　大地震、大火事の最中に、暴徒が起って東京中の井戸に毒薬を投じ、主要な建物に爆弾を投じつつあるという流言が放たれたとする。

もう説明の必要もないとは思いますが、このA～Cの叙述に先ほど確認した仮定の書き方は、すべて、実際にあったことをあえて〝もしそんなことがあったなら〟と言っていたのです。したがってこれらの言葉は、

A　東京市中には実際、流言蜚語が行われた。したがって、その媒質となった市民は、それに対して大いなる責任を負わねばならない。

B　「今夜の三時に大地震がある」という流言を発したものがあった。

C　大地震、大火事の最中に、暴徒が起って東京中の井戸に毒薬を投じ、主要な建物に爆弾を投じつつあるという流言が放たれた。

と、読み換えられねばならないということがわかります。

では、なぜ、こんな間接的、婉曲的表現にしなくてはならなかったのか。

戒厳令《かいげんれい》の布《し》かれた後《のち》、僕は巻煙草を啣《くは》へたまま、菊池と雑談を交換してゐた。尤《もつと》も雑談とは云ふものの、地震以外の話の出た訣《わけ》ではない。その内に僕は大火の原因は○○○○○○○さうだと云つた。すると菊池は眉《まゆ》を挙げながら、「譃《うそ》だよ、君」と一喝《いつかつ》した。僕は勿論さう云はれて見れば、「ぢや譃だらう」と云ふ外《ほか》はなかつた。しかし次手《ついで》にもう一度、何《なん》でも○○○はボルシエヴイツキの手先ださうだと云つた。菊池は今度は眉を挙げると、「譃さ、君、そんなことは」と叱りつけた。僕は又「へええ、それも譃か」と忽ち自説（?）を撤回《てつくわい》した。

（芥川龍之介「大正十二年九月一日の大震に際して」）

文章の末尾に、大正十二年九月と記されています。文中に登場する「菊池」は、芥川の友人であり、雑誌「文芸春秋」を創刊し、芥川賞・直木賞を創設した小説家、菊池寛のことです。文章中に、「○○○○○○○」という表記がありますね。いわゆる、伏字というやつです。伏字には、朝鮮にルーツを持つ人々への蔑称などが入ると言われています。

なぜ伏字になったか。

国家権力による言論統制ですね。

不勉強にして、そこに権力のどのような意図があったのかは僕にはわかりませんが、しかしながら、関東大震災での流言蜚語をめぐる文章には権力が介入した、という事実は明らかであるわけです。となると、寺田寅彦が、あえて仮定を多用した婉曲的な表現で流言蜚語の実態を記述したのも、まさに言論統制の網の目をかいくぐる必要があったからではないでしょうか。ここに、なんとかして震災時の惨状を伝えたいと願う、寺田の強い思いを読み取ることができると思います。

ただ、このエッセイのこうした叙述スタイルの持つ効果は、単に、権力による言論統制の回避、という点にのみあるわけではないと考えることもできます。

D　適当な科学的常識は、事に臨んで吾々に「科学的な省察《せいさつ》の機会と余裕」を与える。そういう省察の行われるところにはいわゆる流言蜚語のごときものは著しくその熱度と伝播能力を弱められなければならない。たとえ省察の結果が誤っていて、そのために流言が実現されるような事があっても、少なくも文化的市民としての甚だしい恥辱を曝《さら》す事なくて済みはしないかと思われるのである。

この一節については、先ほど、

もし適切な科学的な常識を市民が持っていてきちんと省察を行うことができたなら、文化的市民としての甚だしい恥辱を曝す事なく済むだろう。

と、その要旨をまとめました。けれどももう、このまとめを字面通りに読むことは、できませんよね。そう。実際に蛮行は起きてしまったわけですから、ここは、

適切な科学的な常識を持っていなかったために、我々は、文化的市民として甚だしい恥辱を曝してしまった。

と読み換えなければいけない。

ここで、唐突ですが、在原業平の有名な和歌を引用してみたいと思います。

世の中にたえて桜のなかりせば春の心はのどけからまし

解釈すれば、〈世の中にまったく桜というものがなかったなら、春を過ごす人の心は（散り急ぐ桜などに悲しみを覚えることもなく）のどかであっただろうに〉といった程度の意味になりましょうか。

この〈○○せば、……まし〉という構文には、覚えのある方も多いのではないかと思いますが、いわゆる、反実仮想と呼ばれる構文ですね。現実には起こり得ないはずのことを、あえて仮定してみるレトリックです。が、この構文のポイントは、詠み手や話者自身が、「そんなこと、あり得るわけない！」と理解している点にあります。理解しているわけですから、右の解釈は、さらに突き詰めていけば、

世の中にまったく桜というものがなかったなら、春を過ごす人の心は、散り急ぐ桜などに悲しみを覚えることもなく、のどかであっただろうに。でも実際は、桜というものがあるせいで、悲しい思いをしないではいられないのだ。

などとその真意を読み取ることができる。つまり反実仮想とは、傍点を付した真意の部分をあえて言語化せずに余韻として表現することで、逆にそれを、読み手や聴き手に強く印象づける働きを持つ構文であるわけですね。

　となると、寺田寅彦「流言蜚語」のDについても、まさに、

**　もし適切な科学的な常識を市民が持っていてきちんと省察を行うことができたなら、文化的市民としての甚だしい恥辱を曝す事なく済むだろう。しかし実際には、適切な科学的な常識を**

持っていなかったために、我々は、文化的市民として甚だしい恥辱を曝してしまったのである。

という、反実仮想として読むことができるわけです。時の権力の網をかいくぐるのみならず、そこでとった婉曲的な表現が、逆に読み手の脳内に鮮烈なイメージを残すという表現効果を発揮する。

もちろん、そうした読みが成立する大前提が、このエッセイの書かれたのと同じ時代の言説や、あるいはこの時代を回想する言説、そしてこの時代に関する知識を参照し、この婉曲的に書かれた文章の真意を見抜くことにあることは言うまでもありません。語彙、教科的な知識、学術的な知識、そしてその文章が書かれた時代についての知識——「読むこと」と「知識」の深い関係性は、おそらく、ご納得いただけたのではないかと思います。

最後に。

２０２１年2月13日の深夜、福島沖地震が起きました。

その際、TwitterなどのＳＮＳで、関東大震災の「流言蜚語」と同様のデマが投稿され、拡散されるという事態が生じました。僕も、リアルタイムでそうした一連の投稿を目にしました。寺田寅彦の悲憤を込めた提言は、いまだなお、その重要性を失ってはいないということです。

5・難解な文とどう格闘するか

学校文法・日本語文法・やさしい日本語という視座

本屋さんで新書や文庫を買ってみたものの、「……うわ、これは難しい……」と閉じてしまった経験が、皆さんにもあるのではないでしょうか。僕は、あります。文章の読み書きの指導を生業《なりわい》としている今でも、「これは残念ながら今の自分では太刀打ちできない」と、読むことをあきらめてしまうことは、恥ずかしながら、少なくない。

恥ずかしながら……？

いえ、自己弁護というわけではないのですが、僕はそういった経験は、別に悪いことではないと思っています。読めないと思ったら、本棚にしまっておいていい。その本を読めるだけの知識や教養、読解力を身につけてから、もう一度チャレンジしてみればいい。

けれども、「買った本は最後まで読み切らなければいけない」という強迫観念にとらわれている方は、意外と多いのではないでしょうか。そうした思い込みはむしろ、読書というものを苦行に感じさせ、最悪、それを〝敬して遠ざける〟ということにつながりかねません。

読めない、と思ったら躊躇なく閉じ、次の本に進むという読書法を、ぜひ身につけてください。例えば、体裁としては一般向けに書かれているはずの〝新書〟などにも、恐ろしく専門性の高い、難解なものも少なくなかったりするのです。

……とは言うものの、やはり、いつもそれでは悔しいですよね。なんとか、自分なりに、その難解な文章に取り組んでみたい。ざっくりとだけでもいいから、「わかった！」と感じてみたい。

というわけで、今回のテーマは、「難解な文とどう格闘するか」。まずは、以下の 資料 に目を通してみてください。

資料

資質によってか、運命によって、あるいは偶然によってか、他のもっと不可解な理由によって、あるいは考えつくした末の選択によってか、自己の属する社会になじめないだけでなく、ほとんどこれと敵対するまでに異質な感性や思考をつちかってしまう人間たちがいて、彼らはその社会に対する敵意を、〈歴史〉に対する拒否として表明することがある。自己を生み形成し、自分の欲望や精神や言語、あるいは身体さえもつちかったものに対して自己を異質と感じる。幸いにして処刑や監禁、追放の憂き目にあわなければ、彼はみずからの属する社会が〈歴史的変化〉をとげるための何らかの触媒になり、その社会への強い違和感を創造的な機会に変えることができるかもしれない。

（宇野邦一《うのくにいち》『反歴史論』講談社学術文庫）

のっけから脳ミソをがつん！とやられるような、重厚な文章ですね……。この難解な文章を、どう読みほぐしていけばいいのか。

まず、唐突に思われるかもしれませんが、小学校、中学校の国語の授業を思い出してください。そこで皆さんは、〈主語－述語〉という考え方を勉強したはずです。簡単に言えば、日本語の文は、

何が（誰が）……どうする／どんなだ／何だ

という型を基本としており、この「何が（誰が）」に該当する要素が〈主語〉、「どうする／どんなだ／何だ」に該当する要素が〈述語〉ということになります。例を挙げるなら、

例① 今日私は、学校で作文を書いた。

↓主語＝私は ＋ 述語＝書いた

例② 海は、とても広い。

↓主語＝海は ＋ 述語＝広い

例③　あの赤い花は、チューリップだ。

→**主語＝（あの赤い）花は**　＋　**述語＝チューリップだ**

ということ。そして小学校や中学校で習う文法――学校文法では、この〈主語－述語〉の組み立てを文の中心的な要素として想定し、その把握をこそ、文の読解の基礎と据えるのですね。

では、資料の一文の、〈主語－述語〉の関係はどうなっているか？

この一文にまず確認できる〈主語－述語〉は、〈人間たちが＝主語＋いて＝述語〉という組み合わせです。試しに、主語を網かけにし、述語に二重傍線を引いておきます。

資質によってか、運命によって、あるいは偶然によってか、他のもっと不可解な理由によって、あるいは考えつくした末の選択によってか、自己の属する社会になじめないだけでなく、ほとんどこれと敵対するまでに異質な感性や思考をつちかってしまう人間たちがいて、

「え？『考えつくした』とか『属する』とか『なじめない』とか『敵対する』とか『つちかってしまう』なんかも述語ですよね。どうしてそれらは無視するんですか？」とお思いの方もいらっしゃるかもしれません。確かに、おっしゃる通りですよね。

ただ、同じく日本語の基本的な組み立てとして、〈修飾語－被修飾語〉という関係があります。〈修飾語＝内容を詳しく説明する言葉〉、〈被修飾語＝修飾語によって説明される言葉〉と考えておきましょう。例えば、

赤い屋根のある家が建った。

という文においては、「赤い屋根のある」という部分が、「家」がどのような「家」であるのかを詳しく説明する〈修飾語（修飾部）〉であり、逆に、「家」が「赤い屋根のある」という〈修飾語（修飾部）〉によって詳しく説明される〈被修飾語〉ということになります。

さて、ではこの「赤い屋根のある家が建った。」という一文の〈主語－述語〉はどのように把握されるのか。右に述べたように「赤い屋根のある」は〈修飾語〉ですから、とりあえず、〈主語〉でも〈述語〉でもないことを明示するために、（　）で囲ってしまいましょう。

（赤い屋根のある）家が建った。

こう整理すると、この一文の〈主語－述語〉の関係は明らかですよね。もちろん、〈主語

＝家が＋述語＝建った〉です。ちなみに、「赤い屋根の」と「ある」も〈主語ー述語〉の関係を持っていますが、これはあくまで〈修飾語（修飾部）〉中の〝小さな〟〈主語ー述語〉の関係であり、一文全体の主軸となるそれではないということになります。

以上の観点から、もう一度、資料の冒頭部分を見てみましょう。

資質によってか、運命によって、あるいは偶然によってか、他のもっと不可解な理由によって、あるいは考えつくした末の選択によってか、自己の属する社会になじめないだけでなく、ほとんどこれと敵対するまでに異質な感性や思考をつちかってしまう人間たちがいて、

ご理解いただけたでしょうか。冒頭の「資質によってか」から「つちかってしまう」までの部分は、「人間たち」がどんな「人間たち」であるかを詳しく説明する、長い長い〈修飾語（修飾部）〉であったわけですね。つまりは、

〈資質によってか、運命によって、あるいは偶然によってか、他のもっと不可解な理由によって、あるいは考えつくした末の選択によってか、自己の属する社会になじめないだけでなく、ほとんどこれと敵対するまでに異質な感性や思考をつちかってしまう〉人間たちがいて、

という構造になっているわけです。そしてこういった文の構造を把握することができれば、

……ん？　なんだか長い記述だなぁ…。お、「資質によってか」から「つちかってしまう」という箇所までは、「人間たち」にかかっていく〈修飾語（修飾部）〉だな。いったんちょっと、これは横においておいて……となると、この記述の主軸となる〈主語－述語〉の関係は、〈人間たちが＝主語＋いて＝述語〉というわけだ。そして、「資質によってか……つちかってしまう」という〈修飾語（修飾部）〉は、主語である「人間たち」がどんな「人間たち」であるかを説明してくれている、と。どれどれ、この「人間たち」っていうのは、つまりはどのような「人間たち」なのだろう……

と、着実に読解作業を進めることができるわけですね。

それでは、今度は、この「人間たち」がどんな「人間たち」であるかを詳しく説明する〈修飾語（修飾部）〉の内容を、整理することとします。

資質によってか、運命によって、あるいは偶然によってか、他のもっと不可解な理由によって、あるいは考えつくした末の選択によってか、自己の属する社会になじめないだけでなく、ほと

んどこれと敵対するまでに異質な感性や思考をつちかってしまう

さて、どう攻めるか……。

ここでちょっと、日本語文法の考え方を参照してみましょう。「え？　日本語文法？　それなら今、〈主語－述語〉や〈修飾語〉といった概念を参考にしたじゃないか」と思われた方、それはそうなのですが、ただ、右に言及した〈主語－述語〉〈修飾語〉などの考え方は、あくまで「小学校や中学校で習う文法――学校文法」のそれでした。これに対して、ここで参照したいのは、「日本語文法」、すなわち、日本語を母語としない人たちに日本語を理解してもらうための文法なのですね。

もちろん、僕は日本語を母語とする子どもたちを相手に現代文読解を指導することを仕事とする人間であり、日本語文法については、まったくの素人に過ぎません。ただ、ちょっと興味があって日本語文法のテキストを読んでみたら、以下の記述を見つけ、「これは現代文読解の指導にも応用できる考え方だ！」と直感したのですね。それは、

日本語文法では、日本語文は述語を中心にいくつかの成分で構成されていると考え、主語と述語との結びつきはその他の成分との結びつきと対等であるとします。

（原沢伊都夫『考えて、解いて、学ぶ　日本語教育の文法』スリーエーネットワーク）

という指摘でした。

筆者は、日本語文法においては、「学校で習った文法」とは「日本語文の基本的な構造についての考え方」が異なる、と述べます。学校文法では、「主語と述語という基本的な結びつき」に「いくつかの修飾語」が加わって、文を構成すると考える――これは、本章のこれまでの分析で確認したことです。それに対して日本語文法においては、日本語の文の構造を、

述語を中心にいくつかの成分で構成されている

と考える、と。つまりは、まずは述語を把握し、そこを起点にして他の要素の働きを確認していく――繰り返しますが僕は日本語文法については素人であり、こうした理解が本当に正しいものであるかどうか、正直不安もあります。もし変なことを言ってしまっていたら、日本語文法について真剣に取り組んでいらっしゃる方々には大変な無礼を働いてしまっていることになります。その場合は、衷心よりお詫び申し上げます。ただ、〈述語をまず把握し、そこを起点に文の構造を整理する〉という観点が現代文の読解におおいに貢献することは、間違いありません。その点については、皆さんにもご安心いただければと思います。

さて、渦中の、

資質によってか、運命によって、あるいは偶然によってか、他のもっと不可解な理由によって、あるいは考えつくした末の選択によってか、自己の属する社会になじめないだけでなく、ほとんどこれと敵対するまでに異質な感性や思考をつちかってしまう

という記述ですが、ここはまず、

・資質によってか、運命によって、あるいは偶然によってか、他のもっと不可解な理由によって、あるいは考えつくした末の選択によってか

＝ 理由・原因

・自己の属する社会になじめないだけでなく、ほとんどこれと敵対するまでに異質な感性や思考をつちかってしまう

＝ 結果

という構成になっていることがわかります。そしてここでの理由・原因パートについては、「〜か」「○○か」などと、その内容がぼやかされています。要は〝理由はよくわからないけど……〟と言っているだけで、情報の価値は低い。ですから、「自己の属する……」という箇所に限定して、情報を整理してみたいと思います。どう整理するか？　そう、まずは述語を把握するのでしたね。

自己の属する社会になじめないだけでなく、ほとんどこれと敵対するまでに異質な感性や思考をつちかってしまう

二重傍線を引いた「だけでなく」という表現は、〈A＆B〉という構造を作り出す、添加の働きを担っています。つまり該当箇所は、

A　自己の属する社会になじめない
＆（だけでなく）
B　ほとんどこれと敵対するまでに異質な感性や思考をつちかってしまう

という二つのパーツに分節することができる。すると、

Aの述語＝なじめない
Bの述語＝つちかってしまう

と判断できますよね。そしてここから、「ん？ なじめない？ 何に？」と思えたら、「自己の属する社会に」という箇所を確認することができますし、また、「つちかってしまう、って、何を？」と思えれば、「異質な感性や思考を」という箇所をピックアップすることができる。もちろん、今情報を整理している箇所は「人間たち」にかかっていく修飾語であったのですから、

自己の属する社会になじめず、異質な感性や思考をつちかってしまう人間たち

と、最低限の内容を把握することができるわけです。すなわち、

資質によってか、運命によって、あるいは偶然によってか、他のもっと不可解な理由によって、あるいは考えつくした末の選択によってか、自己の属する社会になじめないだけでなく、ほとんどこれと敵対するまでに異質な感性や思考をつちかってしまう人間たちがいて、彼らはその

社会に対する敵意を、〈歴史〉に対する拒否として表明することがある。

という 資料 冒頭一文の「……人間たちがいて」という箇所までは、

自己の属する社会になじめず、異質な感性や思考をつちかってしまう人間たちがいて

と理解することができるわけですね。すると、この一文の後半部、

彼らはその社会に対する敵意を、〈歴史〉に対する拒否として表明することがある。

についても、「彼ら」＝自己の属する社会になじめず、異質な感性や思考をつちかってしまう人間たち、と把握できる。そしてそんな「人間たち」の「社会」に対する「敵意」は、「歴史」――もちろんその「社会」の歴史でしょう――の「拒否」として表明される、つまり彼らは、〝自己の属する社会の歴史を拒否する〟。まとめれば、この冒頭の長い一文は、

自己の属する社会になじめず、異質な感性や思考をつちかってしまう人間たちは、その社会の歴史を拒否する。

などと、理解することができるのですね。

述語を中心に、最低限の文意を整理してみる。

その思考法、ざっとはイメージできたでしょうか。

さて、右にまとめた「自己の属する社会になじめず、異質な感性や思考をつちかってしまう人間たちは、その社会の歴史を拒否する」という内容は、もっとかんたんに言い換えてしまえば、

自分の暮らす社会が嫌いな人たちは、その社会の歴史も大嫌いだ

などと、よりやさしい表現へと〝翻訳〟することができるはずです。そしてここで参照したいのが、〈やさしい日本語〉という考え方なのですね。

1995年の阪神・淡路大震災は6000人以上の死者を出す大惨事でしたが、その復興の過程で、外国人の多くが情報から疎外されるという事態が生じました。

（庵《いおり》功雄《いさお》編著　志賀玲子／志村ゆかり／宮部真由美／岡典栄著『「やさしい日本語」表現事典』丸善出版）

なるほど、日本で暮らす外国人の人々――日本語非母語話者であり、かつ、日本語の運用能力があまり高くない人々であれば、当然、役所や自治体などが公開する様々な情報、つまりは日本語で書かれた文章を理解できず、不利益を被ってしまうということは大いにあり得るでしょう。右に引用した文章中の「疎外」とは、まさにそうした状況を言っているのだと思います。同書はその例として、

容器をご持参の上《うえ》、中央公園にご参集ください。

という、阪神・淡路大震災の際に実際に使われた掲示を紹介しています。そして、「日本語能力がまだ初級レベル程度の人には、『中央公園』以外はおそらく理解できない」と。したがって、この掲示は、

入《い》れるものを持《も》って、中央公園《ちゅうおうこうえん》に来《き》てください。

などと言い換えられねばならないのです。こうして考え出されていったのが、〈やさしい日本語〉ということになります。入門書としては、庵功雄『やさしい日本語――多文化共生

社会へ』（岩波新書）が極めて良質で誠実な一冊ですので、ぜひ、読んでみてください。

――ん？　〈やさしい日本語〉という考え方はわかったけれども、それをここで参照するのはなぜ？　〈やさしい日本語〉は、日本語非母語話者が日本で暮らすためのものでしょ？

そのような疑問をお持ちになった方もいらっしゃいますよね。

日本語教育、言語学、日本語学の研究者であり、〈やさしい日本語〉の取り組みの第一人者である庵功雄は、〈やさしい日本語〉を、「やさしい日本語（plain Japanese.PJ）」と、「やさしい日本語（easy Japanese.EJ）」とに区分して考えます。後者すなわちEJについては、まさに、日本語非母語話者で、かつ一定レベル以上の日本語運用能力を持たない人々のためのものということになります。ですが、前者すなわちPJに関して、庵はこのように説明するのです。

日本語母語話者は理解可能。日本語能力が不十分な外国人が日本語で理解できなくても可

（庵功雄「日本語表現にとって『やさしい日本語』が持つ意味」「一橋日本語教育研究　9号」２０２１）

つまり庵は、「やさしい日本語（plain Japanese.PJ）」について、僕たち日本語母語話者が用いるものとして重要視しているわけです。端的に言えば、

「やさしい日本語」はマジョリティである日本語母語話者にとっても重要な意味を持つ

ということを言っているのですね。

なぜか。

どうして、わかりやすく言い換えた日本語が、日本語母語話者にとっても必要と言えるのか。そこには様々な効果が認められるのですが、その一例として、庵は、医療現場における「難解な専門用語」の弊害を挙げています。例えば「ガンの告知のような患者の人生に重要な影響を持つ場合」において、「患者に対する説明（インフォームドコンセント）」は、とてもシリアスな言語行為となるはずです。そしてそこにおいて、医師が仮に「難解な専門用語」しか用いず、〝わかりづらい日本語〟ばかりで説明を行ったとしたらどうか。当然、患者は不安に駆られ、その告知に積極的な意義を認めることはできなくなってしまうでしょう。反対に、患者に対して、非専門家でもわかるように言い換えられた言葉――つまりは「やさしい日本語（plain Japanese.PJ）」を用いるなら、患者の不安も和らぎ、今後について、より主体的に考えることができるようになるかもしれません。それは、「日本人と外国人の違いに関係なく」、望ましいことであるはずなのです。

これからは，専門家が非専門家に情報や知識を伝える際には，「わかりやすさ」を基準に考える必要がある。そのようなパラダイムシフトを起こす必要があるのである。

（庵功雄「日本語表現にとって『やさしい日本語』が持つ意味」「一橋日本語教育研究 9号」2021）

なるほど、〈やさしい日本語〉が日本語母語話者のためのものでもあるとは、そういうことなのですね。

ただ、同時に僕は思うんです。庵の右の主張は、話者の持っている情報を相手に正確に伝えるため、という、表現に即した問題意識から発せられたものであることがわかります。ですが、難解な言い回しを「やさしい日本語（plain Japanese.PJ）」に置き換える、という作業は、本章のテーマである「難解な文とどう格闘するか」という問いに対する、一つの答えであるのではないか——。

先ほど、資料の冒頭一文の内容をまとめた「自己の属する社会になじめず、異質な感性や思考をつちかってしまう人間たちは、その社会の歴史を拒否する」という文を、僕は、「自分の暮らす社会が嫌いな人たちは、その社会の歴史も大嫌いだ」と、より plain な言い方に〝翻訳〟しました。これもまた、「やさしい日本語（plain Japanese.PJ）」の実践であり、それは難解な文章を自分なりに解釈する際の、決定的なツールとなるのではないでしょうか。

僕はそう、強く思うんですね。

それでは、ここまでの考察を参照しながら、資料の後半も読み進めてみましょう。

自己を生み形成し、自分の欲望や精神や言語、あるいは身体さえもつちかったものに対して自己を異質と感じる。幸いにして処刑や監禁、追放の憂き目にあわなければ、彼はみずからの属する社会が〈歴史的変化〉をとげるための何らかの触媒になり、その社会への強い違和感を創造的な機会に変えることができるかもしれない。

まず、「自己を生み形成し、自分の欲望や精神や言語、あるいは身体さえもつちかったものに対して自己を異質と感じる。」という一文については、「感じる」が述語です。ここから、では何をどう「感じる」のか、と考えれば、〈自己＝異質〉と「感じる」、とまとめられる。つまりは何かに対して、〈自分は合わないと感じる〉ということですよね。そしてその何かは、「……に対して」という記述によって示されています。そこに示された、「自己を生み形成し、自分の欲望や精神や言語、あるいは身体さえもつちかったもの」は、もちろん自分の属する社会について説明しているわけですが、ここをかんたんに、〈自分を育てた社会〉などとすれば、

自分は、自分を育てた社会とは合わないと感じる

といった感じに整理することができるわけです。

さらに、「幸いにして処刑や監禁、追放の憂き目にあわなければ、彼はみずからの属する社会が〈歴史的変化〉をとげるための何らかの触媒になり、その社会への強い違和感を創造的な機会に変えることができるかもしれない。」という最後の一文を解釈してみましょう。

「幸いにして処刑や監禁、追放の憂き目にあわなければ」は、メインとなる情報について単にあまり重要でない条件を補足しているだけなので、思い切って無視。また、「彼はみずからの属する社会が〈歴史的変化〉をとげるための何らかの触媒になり」という箇所は、〈彼は自分の暮らす社会が変わるためのきっかけになる〉などと言い換えることができます。かつ、「創造的な機会に変える」云々は、〈社会が変わる〉ということを繰り返し言っているだけとみなし、情報からカットする。結果、資料後半を、

自分を育てた社会とは合わないと感じる人が、その社会を変えるきっかけとなる

などとまとめることができるわけです。これを、先ほどまとめた資料一文目の「自分の暮らす社会が嫌いな人たちは、その社会の歴史も大嫌いだ」という内容と接合すると、

自分の暮らす社会が嫌いな人たちは、その社会の歴史も大嫌いだが、そのように感じる人たちこそが、その社会を変えるきっかけとなる

といった理解にたどり着くことができるのです。要するに、社会のあぶれ者が、その社会を新しくする存在になる、ということですね。

どうでしょうか。学校文法はもちろん、日本語学や〈やさしい日本語〉の知識なども、難解な文章を読解するうえで、強力な武器となると言えるのではないでしょうか。僕自身、日本語学や〈やさしい日本語〉についてはまったくの素人ですが、その読解理論としての有効性については「これだ!」と確信しています。これから、じっくり学んでいきたいと考えている分野なんですね。

6・じっくり読むことと、さっと読むこと

精読／俯瞰読み

皆さんは、国語や現代文の学習のなかで、「本文の大切なところを見つけて、線を引きましょう」といった指導を受けたことがあるのではないでしょうか。

僕も、あります。

いや、ありますというより、僕の仕事は予備校講師なのですが、僕自身、生徒に対してそうした教え方をしばしばする。おそらく僕の授業のみならず、現代文の授業での本文解説の最もメジャーな方法が、こうした、「本文の大切なところを把握する」という読み方なのではないでしょうか。イメージとしては、

・「大切なところ」を見つける
↓
・見つけた「大切なところ」を、つなげて読んでいく
↓

・本文の要点について、最低限の内容は理解できる

といった感じかと思われます。

このような、文章の「大切なところ」を拾い上げてつなぎ、だいたいの要点をつかむといった読み方のことを、ここでは〈俯瞰《ふかん》読み〉と呼んでみましょう。そしてこの〈俯瞰読み〉は、「大切なところ」を見つける訓練をしっかりと積んでおけば、文章の概要をスピーディーに把握することを可能とします。「大切なところ」だけに着目し、あとはさっと流してしまう……というような読み方ができるようになりますからね。例えば、

・大量の資料に目を通し、必要な情報を収集する

・その本が自分にとって興味あるものかどうか、あるいは、その本に自分にとっての必要な情報が述べられているかどうかを確認する

などといったケースでは、おおいに重要な役割を担うことになります。読む本や必要な資料を短時間で探さねばいけないときなどには、不可欠の方法ですよね。ですから、こうした〈俯瞰読み〉については、やはりきちんと訓練しておきたい。

というわけで、実際に、この〈俯瞰読み〉を実践してみましょう。

次の文章は、2001年の9月11日にアメリカで起きた、世界貿易センタービルに旅客機を衝突させるなどの攻撃に象徴される、いわゆる9・11同時多発テロを振り返ってのものです。とりあえず自己流でかまわないので、「ここは大切だな」と思われる箇所に線を引くなどしてみてください。なお、1～6の段落番号は、説明の都合上、こちらで付したものとなります。

資料

1 いわゆるイスラーム主義の過激派、アルカイダという組織が起こした攻撃ということで、この事件を起点に、世界はにわかに「イスラーム過激派」なるものが最大の脅威だと受け取るようになっていきます。

2 ただし、これには伏線がありました。「冷戦が終わっても世界は平和にはならない、次は文明の衝突の時代だ」ということを主張して一世を風靡《ふうび》したのが政治学者サミュエル・ハンチントンの『文明の衝突』（集英社、一九九八年）でした。元の論文「文明の衝突？」は一九九三年に「フォーリン・アフェアーズ」（アメリカの外交問題評議会が隔月で発行している国際政治専門雑誌）に出たものです。

3 その論文を要約すると、「これからは何を支持するかというイデオロギーの対立の時代ではなくて、『あなたは何者なのか』というより根本的なアイデンティティをめぐる衝突の時代になる」という内容です。その後世界がたどっていった経緯を見ていると、ハンチントンの言った通りになったように思えます。しかし、「文明の衝突」は理論というよりも、一つのシナリオでした。

④文明が「違う」から衝突するというのですが、「違う」となぜ「衝突」するのかを彼は説明していません。ただ「違う、だから衝突する」という単純なストーリーに沿って、世界の軍需産業も軍人も政治家も、そしてテロリストの側も、その役を演じたというのが私の考えです。

⑤ハンチントンの「文明の衝突論」で西欧にとって最大の敵とされたのがイスラーム世界と中国でした。西欧とイスラームとは、根本的な価値の体系が異なるから衝突するということになりました。

⑥この問題は、過去二〇年、私にとって研究上の主要なテーマでしたから、大きな出来事があるたびに本に書いてきましたので、ここでは繰り返しませんが、関心ある方は『イスラム戦争――中東崩壊と欧米の敗北』（集英社新書、二〇一五年）や『なぜ、イスラームと衝突するのか――この戦争をしてはならなかった』（明石書店、二〇〇二年）をお読みいただければと思います。しかし、根本的な違いがあっても、人間が共生できないと断定する根拠はありません。根本的な差異があっても、その上で、人間は共に生きていかなければならないのです。

（内藤正典『プロパガンダ戦争　分断される世界とメディア』集英社新書）

どうでしょう。皆さんがどこらへんに線を引くなり着目するなりしたか、とても興味深いのですが、ここではまず、僕のこの文章に対する〈俯瞰読み〉の例を紹介してみたいと思います。なお、これはあくまで僕個人の実践例であり、必ずしもそれが唯一の正解というわけではありません。あくまで一例としてご参照いただければ幸いです。

では、右の資料について、僕が線を引いた箇所を網かけを入れた形で再度引用してみたいと思います。なお、網かけの箇所には、説明の都合上、A～Gのアルファベットを付しています。

資料

1 いわゆるイスラーム主義の過激派、アルカイダという組織が起こした攻撃ということで、この事件を起点に、世界はにわかに「[A]イスラーム過激派」なるものが最大の脅威だと受け取るようになっていきます。

2 ただし、これには伏線がありました。「冷戦が終わっても世界は平和にはならない、次は文明の衝突の時代だ」ということを主張して一世を風靡《ふうび》したのが[B]政治学者サミュエル・ハンチントンの『文明の衝突』（集英社、一九九八年）でした。元の論文「文明の衝突？」は一九九三年に「フォーリン・アフェアーズ」（アメリカの外交問題評議会が隔月で発行している国際政治専門雑誌）に出たものです。

③ [C]その論文を要約すると、「これからは何を支持するかというイデオロギーの対立の時代ではなくて、『あなたは何者なのか』というより根本的なアイデンティティをめぐる衝突の時代になる」という内容です。その後世界がたどっていった経緯を見ていると、ハンチントンの言った通りになったように思えます。[D]しかし、「文明の衝突」は理論というよりも、一つのシナリオでした。

④ [E]文明が「違う」から衝突するというのですが、「違う」となぜ「衝突」するのかを彼は説明していません。[F]ただ「違う、だから衝突する」という単純なストーリーに沿って、世界の軍需産業も軍人も政治家も、そしてテロリストの側も、その役を演じたというのが私の考えです。

⑤ ハンチントンの「文明の衝突論」で西欧にとって最大の敵とされたのがイスラーム世界と中国でした。西欧とイスラームとは、根本的な価値の体系が異なるから衝突するということになりました。

⑥ この問題は、過去二〇年、私にとって研究上の主要なテーマでしたから、大きな出来事があるたびに本に書いてきましたので、ここでは繰り返しませんが、関心ある方は『イスラム戦争――中東崩壊と欧米の敗北』（集英社新書、二〇一五年）や『なぜ、イスラームと衝突するのか――この戦争をしてはならなかった』（明石書店、二〇〇二年）をお読みいただければと思います。しかし、根本的な違いがあっても、人間が共生できないと断定する根拠はありません。[G]根本的な違いがあっても、その上で、人間は共に生きていかなければならないのです。

（内藤正典『プロパガンダ戦争　分断される世界とメディア』集英社新書）

まず、A「イスラーム過激派」については、これがこの文章の話題の中心であると予測し、したがって重要な情報であると判断しました。話題を押さえることなしに、文章の正確な読解はできるわけがありませんからね。

次に、B「政治学者サミュエル・ハンチントンの『文明の衝突』」に関しては、A「イスラーム過激派」という話題について考察するうえで、筆者がこのハンチントンの書を分析の鍵とするだろうということで、重要な情報であると考えました。となるともちろん、そのハンチントンの意見を「要約」した内容として、Cの、

その論文を要約すると、「これからは何を支持するかというイデオロギーの対立の時代ではなくて、『あなたは何者なのか』というより根本的なアイデンティティをめぐる衝突の時代になる」という内容です。

という記述は、極めて情報価値の高いものであると判断できます。なるほど、ハンチントンに言わせれば、「イスラーム過激派」とは、自らの「アイデンティティ」を賭けて、それを否定する他の文明へとテロリズムを仕掛ける者たちである、ということになるわけです。

どうでしょう。

ここまでのところについては、僕の「ここは大切だな」という判断について、皆さんもある程度納得してくださったのではないでしょうか。もしくは、同じように考え、線を引いた方も少なくないかもしれません。

では、Dはどうか。

まず先に言ってしまうと、このD「しかし、『文明の衝突』は理論というよりも、一つのシナリオでした。」の重要性は、この一文のみならず、その直前の一文との関係性から把握されるものなのです。直前の一文は、

その後世界がたどっていった経緯を見ていると、ハンチントンの言った通りになったように思えます。


と述べています（傍点は引用者）。ここまで紹介してきたハンチントンの意見を「言った通りになった」と認めていますね。でも、この〝肯定〟は、はたして字面通りに受け取ってよいものなのでしょうか。

文末に着目してください。

「ハンチントンの言った通りになったように思えます」。

この「ように思えます」は、要するに、〈表面上は、確かにそう見えなくもない〉ということを言っていますよね。となると、それはあくまで〝うわべだけの肯定〟であり、本当のところは、筆者はハンチントンの考え方に疑念を持っている可能性が高い。となると、Dの冒頭の逆接「しかし」は、直前までの〝うわべだけの肯定〟をひっくり返し、筆者がハンチントンの考え方に対して批判を加えていく展開を予告していることになる。つまり筆者は、D「しかし、『文明の衝突』は理論というよりも、一つのシナリオでした。」と述べることで、〝ハンチントンの考え方は「理論」になっていない！〟と、痛烈に糾弾しているわけです。批判や糾弾は、もちろん、筆者の〝主張〟の典型であり、当然「本文の大切なところ」となります。そういった意味で、E「文明が『違う』から衝突するというのですが、『違う』となぜ『衝突』するのかを彼は説明していません。」も、「彼は説明していません」という厳しい指摘から、ここが批判、すなわち筆者の〝主張〟であることがわかるのです。

ただし、Eについては、ここが重要な一文であると判断する他のポイントもあります。

直前のD「しかし、『文明の衝突』は理論というよりも、一つのシナリオでした。」は、確かにハンチントンの考え方に対し、〝そんなものは「理論」ではない！〟と批判を加えているわけで、その意味で重要な情報であると言えます。

が、そこには、根拠・論拠がない。

何かを批判したり主張したりするためには、〝なぜそう言えるのか〟という根拠・論拠を提示する必要があるはずです。

ではここでの根拠・論拠とは何か。

それがもちろん、E中の「『違う』となぜ『衝突』するのかを彼は説明していません」という指摘であるわけです。その点をきっちり「説明」できていない以上、ハンチントンの考え方は「理論」とは言えない、と。というわけで、主張に対する根拠を示すこのEは、この点でもやはり、「本文の大切なところ」と考えられるのですね。

続いて、Fです。「ただ『違う、だから衝突する』という単純なストーリーに沿って、世界の軍需産業も軍人も政治家も、そしてテロリストの側も、その役を演じたというのが私の考えです。」は、なぜ「大切なところ」であると言えるのか。

これは、容易に判断できたはずです。文の末尾に「私の考えです」とありますからね。この表現が、Fが筆者の主張であることを明白に宣言しているわけです。

5そして6の途中までの内容については、筆者自身が「ここでは繰り返しません」と言っていることからもわかるように、この文章内での重要性は、相対的に低いと判断してかまわないでしょう。逆に、G「根本的な違いがあっても、その上で、人間は共に生きていかなければならないのです。」については、文末の「なければならないのです。」がかなり強烈な主張であることを表していますから、ここは絶対に押さえなくてはなりません。文末表現から主張であることを判断する、という点では、Fと同じパターンですね。

さて、ここで、拾い上げた「大切なところ」、すなわちA～Gの内容を、ざっとつなげてみましょう。

ハンチントンによれば、「イスラーム過激派」とは、自らの「アイデンティティ」を賭けて、それを否定する他の文明へとテロリズムを仕掛ける者たちのことである。つまり、その攻撃は「文明の衝突」である。しかし、このような考え方は理論とは言えない。文明が「違う」となぜ「衝突」するのかを説明できていないからだ。むしろ、「違う、だから衝突する」という単純なストーリーに沿って、皆がその役割を演じてしまっただけなのではないか。根本的な違いがあっても、人間は共に生きていかなければならないのである。

ややギクシャクしたところはあるかもしれませんが、だいたいの意味はつかめましたよね。これが、〈俯瞰読み〉。ぜひとも手にしたい技術です。

さて、ここでもう一度、A～Gの「大切なところ」について、どうしてそこを重要であると判断したのか、そのポイントを端的にまとめてみたいと思います。

A　↓　話題

B → 話題

C → 要約…冒頭「その論文を要約すると」から判断

D → 表面上の肯定に対する批判＝主張…冒頭「しかし」から判断

E → 主張…文末「彼は説明していません」から判断　＊Dの論拠でもある

F → 主張…文末「私の考えです」から判断

G → 主張…文末「なければならないのです」から判断

AやBの「話題」については、今回は、〝ここが話題です〟ということを示すような、明白な目印はありません。けれども、CからGについてはどうでしょうか。Cの「その論文を要約すると」は、「要するに」「つまり」「すなわち」などの〝要約〟系の接続表現と同じ働きをしています。Dの「しかし」は、そのまま逆接の接続表現です。E・F・Gは、すべて、その文末表現によって、その文が本文中で「大切なところ」であることを示しています。つまり、

文の冒頭の接続表現（要約・逆接など）**や文末表現**（主張）**は、それを含む文が「大切なところ」であることを示す目印となることがある！**

ということです。

これは便利ですよね。

もし、冒頭の接続表現や文末表現などに着目し、その文の伝える情報価値の高低を見極めることができるなら、そうした目印を含む文をサッと拾いながら読むことも可能になる。つまり、より効率的に〈俯瞰読み〉を実践することができる。そして、右の事例でもわかるように、確かにそうした方法は、一定以上の有効性を持つと言えるのです。

要約や主張の目印となるような表現について、僕の同僚であり友人である土井諭という現代文講師が、わかりやすくまとめた教材を公開しています。1〜46までの「読解スキル」を紹介するプリントですが、例えば、

⑦ 義務的表現は読者を惹きつけることば
⑧ 提案表現は読者への共感を求めることば
⑨ 反語表現は極度の強調表現
⑩ 筆者の内緒話「実は…」
⑪ 打ち消した後が肝心
⑫ 段落冒頭にある「しかし」は筆者の言いたいことが満を持して登場する
⑭ 「〜なのである」は重要なのである

⑮　段落末尾のまとめ部分は便利

㉒　話題展換は〝本題〟への導入

㉔　重要性を示す表現は〝重要〟

などのスキルは、まさに〈俯瞰読み〉を実践するうえで、とても有効なポイントになるはずです。「現代文講師・土井諭の講義録」(https://genbundoi.wordpress.com/)にアップされています。巻末に付録として掲載させてもらったので、ぜひ、熟読してみましょう!

ここからは、正反対の話をします。

すなわち、〈俯瞰読み〉とは対極的な読み方、〈精読〉についてです。

〈俯瞰読み〉が、接続表現や文末表現などの目印を利用しながら必要な情報を効率的に拾い上げる、「さっと読む」ための方法だとするなら、〈精読〉は、一文一文ごと丹念に理解を積み重ねていき、文章の細かいところまで味読する、すなわち「じっくり読む」ための方法であると言えるでしょう。宣伝になって恐縮ですが、僕の書いた『大学入試 無敵の現代文記述攻略メソッド』(かんき出版)は、そうした〈精読〉の実践について、しつこいほどに細かく解説する参考書です。大学入試用ではありますが、一般の方々にもご好評を頂戴していますす。お手にとっていただけると幸いです。

では、資料の文章において、〈俯瞰読み〉では削ぎ落としてしまった箇所に着目すると、すなわち〈精読〉で読み直すと、いったいどのような意味をつかむことができるのか。それを確認してみたいと思います。

まずは、1段落を読み返してみましょう。

いわゆるイスラーム主義の過激派、アルカイダという組織が起こした攻撃ということで、この事件を起点に、世界はにわかに「イスラーム過激派」なるものが最大の脅威だと受け取るようになっていきます。

僕は、この「世界はにわかに『イスラーム過激派』なるものが最大の脅威だと受け取るようになっていきます」という箇所の「にわかに」に、書き手のメッセージを読み取りました。もちろん、あくまで僕の解釈であって、それが筆者の意図であるかどうかはわかりません。でも、この「にわかに」によって、〝それまでは、ほとんどの人間がイスラームについて興味や関心を向けてこなかった〟という行間の意味を、読み取ることができるのではないでしょうか。そしてそこに、そうした状況に対する筆者の憤りを感じることは、必ずしも強引なこじつけとは言えないと思います。

あるいは、2段落。

ただし、これには伏線がありました。「冷戦が終わっても世界は平和にはならない、次は文明の衝突の時代だ」ということを主張して一世を風靡《ふうび》したのが政治学者サミュエル・ハンチントンの『文明の衝突』（集英社、一九九八年）でした。元の論文「文明の衝突？」は一九九三年に「フォーリン・アフェアーズ」（アメリカの外交問題評議会が隔月で発行している国際政治専門雑誌）に出たものです。

「元の論文『文明の衝突？』は一九九三年に『フォーリン・アフェアーズ』（アメリカの外交問題評議会が隔月で発行している国際政治専門雑誌）に出たものです」という紹介によって、このハンチントンの文章が、かなりのアカデミックな権威性を持ったものであることが示唆されています。そのような文章が「イスラーム過激派」を「脅威」とする言説の「伏線」として機能しているという指摘――そして、筆者がその後でハンチントンの考え方を批判するという展開に鑑みるなら、筆者は、アカデミックな権威性や、その権威性に裏打ちされたインテリの言説の持つ暴力性を危惧しているとも読み取れる。加えて、「伏線」という語句に着目するなら、ハンチントンやアカデミックな権力は、そうした言説を作り出すことによって、世界的な世論を誘導した、そして、世界的な世論もまんまとそれに乗っかってしまった――こうした批判を解釈することができるかもしれません。すなわち、学術的な文章や言説の持つイデオロギー性、それに無自覚でいることに警鐘を鳴らしている。そのような意図を汲み取ることは、はたして曲解と言えるでしょうか。

そして、6段落の前半です。

この問題は、過去二〇年、私にとって研究上の主要なテーマでしたから、大きな出来事があるたびに本に書いてきましたので、ここでは繰り返しませんが、関心ある方は『イスラム戦争─中東崩壊と欧米の敗北』（集英社新書、二〇一五年）や『なぜ、イスラームと衝突するのか─この戦争をしてはならなかった』（明石書店、二〇〇二年）をお読みいただければと思います。（以下略）

「過去二〇年」とあります。「二〇年」ものあいだ、筆者はこうしたことについて考えてきた。そして、数々の著作で、それを社会に問うてきた。この記述から、筆者の抱く危機感が相当に強いこと、そして、その思いがまだまだ社会に伝わっていないという焦りや憤り、さらには、それでも粘り強く、決して諦めることなく言葉を紡いでいこうとする決意……そうしたことを、読み取ることもできるはずです。

まだまだ、〈精読〉によって見えてくることは多々あるはずですが、今回については、ここでやめておきます。

〈俯瞰読み〉は確かに効率的、合理的であり、そしてもちろん、必要な方法です。しかしながら、〈精読〉のもたらしてくれるこうした読みを、〈俯瞰読み〉は捨象してしまうことも事実なのです。やはり、〈精読〉の重要性は、どれほど強調してもし足りないと言えるでしょう。

ただし、〈精読〉にも欠点はあります。それは、細部へのこだわりが転じて、〝木を見て森を見ず〟といったことになってしまう危険性です。文章の細部にばかり注意を払ってしまった結果、全体を通じて筆者が伝えたかったことが逆に見えなくなってしまう。そういうことですね。

〈精読〉を積み重ねたあとで〈俯瞰読み〉を試す。あるいは、〈俯瞰読み〉をして大意を捉えたうえで、〈精読〉に入る。

つまりは、〈精読〉と〈俯瞰読み〉の往還。

自分にとって大切な文章に関しては、ぜひ、こうした読み方を実践したいものです。

7・要約

内容を端的にまとめる

僕は大学受験の予備校で現代文を指導しているのですが、授業で扱った文章について、復習として要約を作成することを推奨しています。

読解力の養成という観点から、要約という方法ははたして有効なのか否か。

これはしばしば議論となるテーマであり、その効果について、懐疑的に考える人もいるようです。しかし、僕は、僕自身の指導経験から——こう言うと、「教育系の言説は、すぐに経験則ばかりで語り出す」といった批判を受けてしまうかもしれません。そしてもちろん僕とて、学術的理論や客観的な情報源の重要性を認めるにやぶさかではない。もっともっと勉強しなければいけないと、自分自身痛切に感じています。

ですが、それでもやはり、これだけは胸を張って言いたいのです。

読解指導を語るうえで、経験則を軽視しては絶対にいけない！

と。

個々の生徒は、当然、個々の人間であり、各々の育ってきた環境も、歴史も、性格も、能力も、経験も、なにもかも、皆ばらばらです。一人として同じ生徒などいません。加えて、一人の生徒も、日々、動的に変化し続けていくわけです。つまり、指導という営みにおいてその対象となる生徒とは、決して〝抽象的で一般的な、不変の静的存在〟などではありえない。さらに言うならば、読解の指導という営みにおいてその素材となる文章もまた、それぞれの文章がそれぞれの主張やテーマ、語り口、文体、論証のプロセスなどを有しており、一様でなどありえません。もちろん、指導する側の人間とて、常に変化し、揺らいでいる。つまり、読解指導という現場においては、そこに存在するすべてが、不確定要素に満ちているわけです。

しかし、です。

それでも多くの指導者たちは、長い長い指導経験の蓄積のなかで、もちろん、失敗や挫折の辛酸を数えきれないほど嘗《な》めながら、「このやり方ならば、より多くの生徒の読解力を伸ばすことができる！」という方法を、自分なりに見出していく。当然それは〝結論〟でなどありえません。どこまでも〝仮説〟に過ぎない。でも、不確定要素に満ち満ちたその現場から抽象されたその仮説は、やはりそれなりの汎用性はある——まさに、生きた知恵だと思うのです。

それならば、僕が、約二〇年、小学生から高卒生までを指導してきた経験から抽出した、「このやり方ならば、より多くの生徒の読解力を伸ばすことができる！」という仮説とは何か。

それがもちろん、要約なのですね。

端的に言えば、要約の課題をこつこつと提出し続けた生徒というのは、現状の成績がどうであれ、本当に伸びる。以前、「現代文が苦手でしかたない」と相談しにきたとある生徒が、アドバイス通りに要約を提出し続け、ときに忙しくて提出できない際は、

「先生、今週は定期テストの勉強で忙しくて要約ができなかったので、今からこの文章の説明を、口頭でしたいと思います。聞いてください！」

と、講師室で〝授業〟を始める……などということを継続していった結果、みるみる成績を伸ばし、現役で志望校に合格を決めたことがありました。

いえ、この生徒の〝授業〟があまりに印象深く、このエピソードを紹介したのですが、もちろん、同様のケースは数えきれないほどあります。

では、なぜ伸びるのでしょうか。

これは、「文章を読めるとはどういうことか」というテーマとかかわってくる問いかと思います。つまり、要約という学習法は、「文章を読める」という状態に符合する、あるいは

つながっていく、何かしらのものを持っている……。

文章を読める、いや、より正確に問い直すなら、〝その文章について、「読めた」と言える〟のは、いったいその読み手がどのような状態に至ることを言うのか。

この問いには、学術的な理論から個々人の体感まで含め、いろいろな解答があると思います。ですから、ここに示す僕の答えが、唯一絶対のものだと言い張るつもりはまったくありません。それこそこれも、経験則に基づく仮説に過ぎないのですから。しかし、それでもあえて、こう言いたいと思います。

その文章の内容をコンパクトにまとめて、その文章を読んだことのない他者に伝えることができる状態に至ったとき、読み手はその文章を「読めた」と言える！

「要はあなたが読んだその文章って、何が言いたいの？」という問い対して、「それはつまり……」と答えることができる。これこそが、〝読めた〟ということである——繰り返しますが、これが絶対の結論というわけではありません。しかしながら、この定義が、〝読めた〟というテーマについて考えるうえで大きな意味を有しているということは、確かに言えるのではないでしょうか。

以上を踏まえるなら、ここで僕の推奨する要約というのも、こうした〝読めた〟経験を一つでも多く重ねていくための訓練である、ということになります。

〝読めた〟経験を積み重ねるための要約。

すなわち、〝その文章の内容をコンパクトにまとめ、その文章を読んだことのない他者に伝える〟ことができる、要約。

それがどのようなレベルのものであるかを理解するには、逆に、良くない要約の例と対照しながら考えていくとよい。良くない要約とは、端的に言えば、

「大切なところ」と思われる内容を拾い、それを単純に書き写すだけ

といったものを指します。酷い場合には、主張を述べる段落の内容だけ、ほぼそのまま抜き書きする――僕はこういった要約を「コピペ答案」と呼んで、厳しく赤入れをします。

では、この「コピペ答案」に欠けているものは何か。

それは、論理――この言葉は様々な含意を持ちますから、もう少しやわらかく、〝話の筋道〟と言い換えたほうがよいかもしれません。つまり、

筆者がどのような思考・考察を経て、その主張を述べるに至ったか、という話の筋道、あるいはつながり

を再現できていない――ということはつまり、理解できていない。これでは、その文章を読んだことのない人間に向けて、その文章の内容を伝えることはできません。

もちろん、要約に再現できる〝話の道筋〟の分量は、許容される字数によって変わります。大学のレポート課題などで、文献の内容を紹介する際には、その主張と最も大切な論拠のみを端的にまとめる、ということも大切になってくるでしょう。しかし、こと〝読解力を養成するため〟に要約に取り組むなら、

文章の冒頭から着地点に至るまでの〝話の筋道〟

を、字数の許すかぎり再現したい。何よりも、〝読めた〟経験を積み重ねるための要約、すなわち、〝その文章の内容をコンパクトにまとめ、その文章を読んだことのない他者に伝える〟ことができるレベルの要約が、大切になってくるわけですから。

もっとも、細かなところまで再現していたら当然のこと要約にはなりませんから、要約とはつまるところ、

情報価値の高くない要素を省いたり端的な言葉にまとめたりし、抽出した「大切なところ」

を、筋道を明示しながらつなげ、文章にする

という作業であると言えるでしょう。

さて、それでは実際に、要約の実践例を見ていきましょう。引用するのは宇野《うの》重規《しげき》『民主主義とは何か』という本の一節で、古代アテナイ（＝アテネ）の民主政について論じる内容です。だいたい、一二〇〇字程度の分量となっています。こちらの文章を……そうですね、二〇〇字以内にまとめてみたい。もしお時間があったら、解説を読む前に、皆さんも、ぜひ、チャレンジしてみてください。少しくらい字数をオーバーしてしまっても大丈夫ですよ。なお、文章中の1～4の段落番号は、説明の都合上、こちらで付したものとなります。

資料

1シチリア遠征の失敗後、アテナイの迷走が続きました。戦争継続を支持する民主派に対して旧貴族派が巻き返し、前四一一年、いったんは「四〇〇人政権」と呼ばれる寡頭支配が成立します。この政権はまもなく崩壊して民主政が復活しますが、アテナイがスパルタに屈服することで、前四〇四年には再度、「三〇人僭主」による寡頭政権が成立しました。スパルタ進駐軍の後押しで成立した政権でしたが、やがて恐怖政治を行うことで民主派の反発を招きます。

結果として、またしても民主政が復活したのです。ここには民主主義の驚異的な復元力がみられます。アテナイ人にとって、この政治体制がいかに手放しがたいものであったかがわかるでしょう。

2アテナイ市民は、民主主義をより着実なものへと修正すべく、努力を続けました。再び古代ギリシア史家の橋場弦の言葉を借りれば、「若々しいエネルギーにあふれてはいるが、いったん優れた指導者を失えばときとして暴走しかねない以前の民主政のありようから、より成熟し、安定した姿へと生まれ変わった」(『民主主義の源流』講談社学術文庫、一九一頁)のです。具体的には、寡頭派市民と和解し、報復の連鎖を断ったこと、民会や民衆裁判所で議論を行い、あらためて民主主義の原則の維持を確認したこと、さらに法(ノモス)の地位を高めるべく、通常の民会の決議と法を明確に区別したことが挙げられます。アテナイの民主主義は法の支配を実現することで、再度、安定した発展の道をたどり始めたのです。

3興味深いのは「違法提案に対する公訴(グラフェー・パラノモン)」という制度です。これは、民会や評議会で法に反する提案がなされたと思われる場合、その提案者を告発するための制度です。民衆裁判所で認められれば、議案は廃案になり、決議は失効しました。さらにその提案者は厳しい処罰を受けたのです。ある意味で、民会における決議を民衆裁判所が覆すことを可能にする制度であり、はるか後年の違憲立法審査権を思わせる仕組みです。アテナイの民主主義は単に続いただけでなく、間違いなく進化を続けたのです。

4復活したアテナイの民主政はこの後も八〇年ほど続き、海外の領土こそ失いましたが、経済的には発展していきます。民会への出席者も増加し、政治参加の意識も深まっていったのです。たしかに、この間に強大化した北方のマケドニアに対し、アテナイは前三三八年のカイロネイアの戦いで敗北します。結果として、アテナイはマケドニアに屈服し、民主政も失われるわけですが、ここまで繰り返し述べてきたように、アテナイの民主主義はけっして短期間で終わった徒花のようなものではありませんでした。それは長期にわたり持続し、法の支配を伴った、より成熟したかたちへと発展していったことを忘れてはなりません。

（宇野重規『民主主義とは何か』講談社現代新書）

では、それぞれの段落について、「大切なところ」をあぶりだしていきましょう。

1シチリア遠征の失敗後、アテナイの迷走が続きました。戦争継続を支持する民主派に対して旧貴族派が巻き返し、前四一一年、いったんは「四〇〇人政権」と呼ばれる寡頭支配が成立します。この政権はまもなく崩壊して民主政が復活しますが、アテナイがスパルタに屈服することで、前四〇四年には再度、「三〇人僭主」による寡頭政権が成立しました。スパルタ進駐軍の後押しで成立した政権でしたが、やがて恐怖政治を行うことで民主派の反発を招きます。結果として、またしても民主政が復活したのです。ここには民主主義の驚異的な復元力がみられ

ます。アテナイ人にとって、この政治体制がいかに手放しがたいものであったかがわかるでしょう。

冒頭の一文に「アテナイの迷走」とありますが、網かけした箇所は、その「迷走」の具体的な内容ですよね。作成するのが要約である以上、こうした詳細な情報について逐一触れていくわけにはいきません。ただ、今回は「アテナイの迷走」というだけではここで言う内容はほとんど伝えることはできません。網かけした箇所は、要するに〈民主政と寡頭政治との激しい入れ替わり〉について言及しています。かつ、その「結果」が、〈民主政の復活〉であった、と。この程度のことについては、要約でも言及しないといけません。そして、その〈民主政の復活〉について、筆者は「民主主義の驚異的な復元力」を見出し、〈アテナイ人にとって民主主義は大切なものであった〉と結論する。具体的な記述の後に、それを意味づけたり、そこから何かしらの結論を導いていたりしたら、そこは当然「大切なところ」と言えます。つまり、要約の軸となる。以上の内容を整理すると、

〈1段落の要点〉

シチリア遠征の失敗後、アテナイは民主政と寡頭政治が激しく入れ替わったが、結果として民主政が復活した。民主主義は驚異的な復元力を持つものであり、アテナイ人にとって大切な

ものであったのだ。

などとまとめることができます。

②段落に進みます。

②アテナイ市民は、民主主義をより着実なものへと修正すべく、努力を続けました。再び古代ギリシア史家の橋場弦の言葉を借りれば、「若々しいエネルギーにあふれてはいるが、いったん優れた指導者を失えばときとして暴走しかねない以前の民主政のありようから、より成熟し、安定した姿へと生まれ変わった」（『民主主義の源流』講談社学術文庫、一九一頁）のです。具体的には、寡頭派市民と和解し、報復の連鎖を断ったこと、民会や民衆裁判所で議論を行い、あらためて民主主義の原則の維持を確認したこと、さらに法（ノモス）の地位を高めるべく、通常の民会の決議と法を明確に区別したことが挙げられます。アテナイの民主主義は法の支配を実現することで、再度、安定した発展の道をたどり始めたのです。

網かけした一文目「再び…のです。」は、この段落の冒頭文とほぼ同じことを述べる文章の引用ですから、要約という観点から言うなら、削ってしまってかまわないでしょう。

網かけした二文目と三文目はどうか。

ここは、冒頭に「具体的には」とあることからわかるように、「アテナイ市民」が実際にどのようにして「民主主義」を「より着実なもの」へと「修正」したのか、その具体的な内容が紹介されています。とてもおもしろい箇所ですが、ここも結局はこの段落の冒頭一文を詳しく言い換えているだけなので、要約には反映させなくてよい。

以上の分析を総合するなら、この段落の冒頭一文は、以下に続く内容を端的に抽象化した記述ということになります。しかも、1段落には述べられていない新しい内容。当然、本文の「大切なところ」であるわけです。

〈2段落の要点〉

アテナイ人は、民主主義をより着実なものへと修正する努力を続けた。

では、この内容と先ほど整理した1段落の要点は、いったいどのようにつなげればよいか。1段落の要点は、〈アテナイ人は民主主義を大切なものと考えた〉という内容で着地しています。とすると、2段落の要点である〈アテナイ人は、民主主義をより着実なものへと修正する努力を続けた〉という内容は、〈大切なものと考えた*だけ*でなく、より着実なものへと修正した〉などと、添加の論理でつなげるのがふさわしいと判断できるのではないでしょうか（因果関係をつなぐ順接の論理なども考えられます）。

〈1～2段落の要点〉

シチリア遠征の失敗後、アテナイは民主政と寡頭政治が激しく入れ替わったが、結果として民主政が復活した。民主主義は驚異的な復元力を持つものであり、アテナイ人にとって大切なものであったのだ。のみならず／だけでなく／加えて／さらに、アテナイ人は、民主主義をより着実なものへと修正する努力を続けた。

要素と要素のつながりかたを考えて、それを可能なかぎり示す。まさにこうした作業こそが、〝話の筋道〟を再現するということなのです。

3段落に行きましょう。

3興味深いのは「違法提案に対する公訴（グラフェー・パラノモン）」という制度です。これは、民会や評議会で法に反する提案がなされたと思われる場合、その提案者を告発するための制度です。民衆裁判所で認められれば、議案は廃案になり、決議は失効しました。さらにその提案者は厳しい処罰を受けたのです。ある意味で、民会における決議を民衆裁判所が覆すことを可能にする制度であり、はるか後年の違憲立法審査権を思わせる仕組みです。アテナイの民主主義は単に続いただけでなく、間違いなく進化を続けたのです。

この段落の最後の一文に述べられる「アテナイの民主主義」の「進化」という内容は、もちろん、2段落の要点を反復しているだけです。である以上、冒頭「興味深いのは」という宣言のもとに紹介される「違法提案に対する公訴」もまた、2段落の「具体的には」以下と同様、「アテナイ市民」が実際にどのようにして「民主主義」を「より着実なもの」へと「修正」したのかを説明する、その具体的な例に過ぎない。したがって、この段落の内容については、全体を要約には入れない……と判断してもいいのですが、ただ、筆者自身が「興味深いのは」と言っていることや、2段落中の例とはわざわざ差異化して、一つの単独の段落としてこれを紹介している以上、この「違法提案に対する公訴」というシステムについては、筆者の並々ならぬこだわりを感じることができます。ここは、その内容を最低限説明する形で、要約に組み込んでおいたほうがいいかもしれません。

〈3段落の要点〉

（民主主義の修正・進化の例として）違憲立法審査権にも通じるような、法に反する提案をした者を告発する制度、「違法提案に対する公訴」が制定された。

ここは、2段落の要点についての具体的な論拠・例なので、ここまでの内容とは以下のようにつなげればいいかと思います。

〈1〜3段落の要点〉

シチリア遠征の失敗後、アテナイは民主政と寡頭政治が激しく入れ替わったが、結果として民主政が復活した。民主主義は驚異的な復元力を持つものであり、アテナイ人にとって大切なものであったのだ。のみならず、アテナイ人は、違憲立法審査権にも通じるような、法に反する提案をした者を告発する制度である「違法提案に対する公訴」の制定など、民主主義をより着実なものへと修正する努力を続けた。

それでは、最後の段落を処理しましょう。

4 復活したアテナイの民主政はこの後も八〇年ほど続き、海外の領土こそ失いましたが、経済的には発展していきます。民会への出席者も増加し、政治参加の意識も深まっていったのです。たしかに、この間に強大化した北方のマケドニアに対し、アテナイは前三三八年のカイロネイアの戦いで敗北します。結果として、アテナイはマケドニアに屈服し、民主政も失われるわけですが、ここまで繰り返し述べてきたように、アテナイの民主主義はけっして短期間で終わった徒花のようなものではありませんでした。それは長期にわたり持続し、法の支配を伴った、

より成熟したかたちへと発展していったことを忘れてはなりません。

まず、網かけした一文目と二文目「復活した…深まっていったのです。」という箇所については、詳しく説明されているとはいえ、やはりこれまで繰り返されてきた、「アテナイ」の「民主主義」の「修正」や「進化」について述べているだけなので、要約には組み込まなくてよいでしょう。

次に、網かけした三文目と四文目途中までの「たしかに…失われるわけですが」という箇所ですが、ここは、かの有名（？）な〈譲歩〉の構造で書かれていますよね。具体的には、

たしかに（もちろん／むろん／もっとも、など）以下

↓一般常識や他者の考え方などを、ひとまずはいったん認める＝譲歩

⇔

しかし（だが／けれども／ただし、など）以下

↓直前までの譲歩を反転させ、筆者の強調したいことが述べられる

という論じ方のことです。例えば、

たしかに科学は人類に莫大な恩恵をもたらした。しかし、その弊害を無視することはできない。

という書き方においては、筆者が最も強調したいのは、〝科学の弊害を無視することはできない〟ということであるわけです。「情報価値の高くない要素を省いたり端的な言葉にまとめたりし、抽出した『大切なところ』を、筋道を明示しながらつなげ、文章にする」のが要約である以上、当然、「しかし」以降の内容を拾うことになります。とすると、今分析している「たしかに…失われるわけですが」という箇所についても、逆接の「が」以降が、「大切なところ」として認定される。つまり、

ここまで繰り返し述べてきたように、アテナイの民主主義はけっして短期間で終わった徒花のようなものではありませんでした。

という箇所ですが……ここは、もう、いいですね。筆者自身が「ここまで繰り返し述べてきたように」と言っているように、「アテナイの民主主義」は「短期間で終わった徒花のようなものでは」ない、という内容は、すでに1段落でまとめた「民主主義は驚異的な復元力を持つ」という主張の反復に過ぎません。さらに、これに続く、

それは長期にわたり持続し、法の支配を伴った、より成熟したかたちへと発展していったことを忘れてはなりません。

という最後の一文も、「それは長期にわたり持続し、法の支配を伴った、より成熟したかたちへと発展していった」という記述については、もちろん、「民主主義は驚異的な復元力を持つ」という主張や、「民主主義をより着実なものへと修正する努力を続けた」という分析を繰り返しているだけです。要約に組み込む必要はありません。ただし、そういったことについて「忘れてはなりません」と主張するのはここが初めてですから、この点については、これまで作成した要点に付け足しておきましょう。すると、このような要約を作成することができるわけです。

〈文章全体の要約〉

シチリア遠征の失敗後、アテナイは民主政と寡頭政治が激しく入れ替わったが、結果として民主政が復活した。民主主義は驚異的な復元力を持つものであり、アテナイ人にとって大切なものであったのだ。のみならず、アテナイ人は、違憲立法審査権にも通じるような、法に反する提案をした者を告発する制度である「違法提案に対する公訴」の制定など、民主主義をより着実なものへと修正する努力を続けた。この点は忘れてはならない。（一九八字）

どうでしょうか。文章を要約するということのイメージを、多少なりともつかめましたでしょうか。冒頭のほうで、予備校に通う生徒たちを例にその効果について触れましたが、もちろん要約は、あらゆる読み手にとって有意義な営みになるはずです。自分にとって大切な本に関しては、重要と感じられたくだりについてだけでもいいですから、ぜひ、こうした作業をしてみてくださいね。

〈第2部〉 読むことの意味

1・外国語の文章を読むことの意味

翻訳という視座から

第2部のテーマは、〝読むことの意味〟です。

第1部では、現代日本語で書かれた文章を対象として、それをいかに読むかということについてお話ししてきました。知識や同時代言説を学び、参照することの意義や、文法および〈やさしい日本語〉的な観点を踏まえた文章理解、〈俯瞰読み／精読〉、そして要約の重要性まで、〝読むための方法〟について考えてきたわけです。けれども、そもそも僕たちは、なぜ、文章を読むのか。あるいは、文章を読むことの意味とは、何か。

それについて考えていくうえで、まずこの1章では、外国語学習――つまりは、母語以外で書かれた文章を〝読むことの意味〟について考察してみたいと思います。そしてそこで深いヒントを与えてくれるのが、翻訳家たちの営み、あるいはそれを綴った翻訳家自身のエッセイなのですね。本章では、翻訳について語る数冊の名著を紹介しながら、外国語の文章を読むことの意味について、考えていきたいと思います。

まずは、鴻《こうの》巣《す》友季子『翻訳ってなんだろう？——あの名作を訳してみる』を紹介します。青少年を対象とする「ちくまプリマー新書」というレーベルから刊行された本なので、とても読みやすい書かれ方になっています。ただ、実はかなりコアな文学理論などを扱っており、翻訳論としてのみならず、文章読解の教科書としても非常に素晴らしい内容となっています。ぜひ読んでみてください。

さて、鴻巣はこの本のなかで、日本文学研究者のドナルド・キーンによる、芭蕉の名句「閑《しず》かさや、岩に染み入る蝉の声」の英訳、

How still it is here——
Stinging into the stones,
The locusts, trill.

を引用し、以下のような解説を加えています。

locustという訳語はどうでしょう？　英語にも、cicadaというセミを指す単語はありますが、一般的には、locustと言うことが多いんですね。locustには、イナゴやバッタなども入ります。セミとイナゴとバッタとあまり区別をしていない。なぜかと言えば、セミを風物詩

として特別視する風習がない。「夏休みに幼子が虫取り網で捕まえにいく」という愛《いと》おしいイメージを伴わないし、セミの声に聞き入るという習慣も一般にはないですね。イギリスからの観光客を夏、お寺に連れていって、「どうです、この蝉時雨《せみしぐれ》」などと言っても、「なに？　なにを聴けばいいの？」となるかもしれません。セミのしぐれ（音楽）は、だれにでも聞こえるとは限りません。だから、キーン氏はここで、より日常的でわかりやすいlocustという語を選んだとも考えられます。

（鴻巣友季子『翻訳ってなんだろう？——あの名作を訳してみる』ちくまプリマー新書）

翻訳や、あるいは言語というものを考えるうえで、非常に興味深いことが述べられています。

まず、キーンは芭蕉の句の「蝉」を、〈locust〉と英訳している。しかし、鴻巣も指摘するように、英語には〈cicada〉という「蝉」を意味する単語がある。しかも、

locust…蝉のみならず、イナゴやバッタも含む

↕

cicada…蝉を表す

わけですから、「蝉の声」の「蝉」の訳語としては、cicada のほうが正しいはずなんです。

しかし、キーンはあえて〈蝉・イナゴ・バッタ〉を含む概念である locust を選んだ。なぜか。鴻巣は言います。イギリスの人々は、蝉に対する特別なイメージや思い入れを持っておらず、したがって蝉の鳴き声に聞き入るという習慣もなく、たとえ蝉が鳴いていたとしても、それを知覚や認識の対象とはしない、と。

例えば、そうですね……僕は、そしておそらく本書を読んでくださっている皆さんの多くもそうだと思うのですが、ハシブトガラスとハシボソガラスの違いについて、まったく意識などしていません。両方とも、カラスです。

でも、とある文化圏Zでは、両者を厳密に区別し、そしてハシブトガラス——これを指すその文化圏Zの言語の単語を、仮にブーボーとしましょう——をのみ神聖視するとします。そして、そのブーボーの鳴き声には哀切な感情を催し、逆にハシボソガラス——これを表す単語をニョロスとしましょう——については、悪魔の使いとして忌み嫌っている……。

さて、以上の仮定をした際、僕は、そしておそらく皆さんの多くは、ブーボーの声を知覚・認識することができるでしょうか。鼓膜には、文化圏Zの人たちと同じように、ブーボーの声は響いているはずなんです。けれどもそれは、他のカラス——ニョロス——の鳴き声と区別されず、あくまでカラスの声として聴かれている。つまり、ブーボーの声は、ニョロスの声と混じり合い、僕や皆さんの多くには、それとして聴かれることがないわけです。

どうでしょう。

このように考えると、事例としては少々ずれているかもしれませんが、それでも、イギリスの人々には蝉の鳴き声は知覚や認識の対象にならない、すなわち、意識のうえでは存在しない、という説明も、腑に落ちるのではないでしょうか。

となると、芭蕉の「閑《しず》かさや、岩に染み入る蝉の声」の「蝉」を、たとえ正確な訳語とはいえ、イギリス人にとって知覚・認識の対象にならない cicada に逐語訳したところで、この句のイメージを伝えることはできない……だからこそキーンは、訳としてはある意味で不正確な、「蝉のみならず、イナゴやバッタも含む」概念としての、locust を選んだ。なぜならそれは、イギリスの人々にとって「より日常的でわかりやすい」、つまり、語の意味する範囲は日本語の蝉とはかなりずれるが、雰囲気やイメージについては芭蕉の詠んだ「蝉」に近いものであったからです。

ここで、少し確認しておきたいことがあります。

再度、カラスの話に戻しましょう。

僕や皆さんの多くは、ハシブトガラスとハシボソガラスを区別しません。ちょっと小難しい言い方をすると、分節化しません。二つともまとめてカラスです。対して文化圏Zでは、ブーボー／ニョロス、というふうに違うものとして考える。つまり、分節化する。

これが何を意味するか。

端的に言えば、

物理的に世界は一つしかなくとも、そこにどのような意味を与え、どのように分節するかは、各文化圏それぞれによって異なる！

ということですね。さらにいえば、そのような意味づけや分節は、基本的に言語によってなされる。文化圏Zの人々が「ブーボー」と「ニョロス」を分節するのは、「ブーボー」と「ニョロス」という対となる言葉を持つZ言語を自分の言葉として習得しているからであるし、僕や皆さんの多くが両者をひっくるめて「カラス」とまとめるのは、「カラス」という言葉を持つ（逆に言えば、「ブーボー」と「ニョロス」のような対立関係を内包しない）日本語を内面化しているからです。となると、右の説明は、

物理的に世界は一つしかなくとも、そこにどのような意味を与え、どのように分節するかは、各言語それぞれによって異なる！

と言い換えられるはずです。

そうです。

僕たちは、生まれた後に獲得する言語――母語によって、世界の意味や分節を知る。そして、言語体系は無数に存在する。つまり、言語体系の数だけ、世界の意味づけや分け方、すなわち分節化のありようは変わってくる。

もちろん、どの分節化のありようが正しく、どれが間違っているなどの優劣はありません。どの言語も、つきつめれば、長い長い歴史のなかで、たまたま今あるようなシステムになったに過ぎないわけですから。

たまたまそうなること、すなわち、必然性のないこと。

こうしたあり方を、恣意性と言います。ここでは、言語というシステムの持つ恣意性、あるいは、そのような言語によってなされる、世界の意味づけ――分節化の恣意性、ということです。「**第1部～読むための方法～ 3章 読むことと知識③**」で、ソシュールという言語学者を紹介し、「ラング」と「パロール」という考え方にも触れましたが（61～63ページ）、この分節化の恣意性という考え方についても、ソシュールや、ソシュール言語学を土台とする様々な言語学者・思想家たちによって唱えられたものなのですね（ソシュールの言う恣意性は他にもあり、むしろそちらについてのほうが人口に膾炙しているのですが、ここでは措《お》いておきます）。

分節化の恣意性。

これは、ある意味、非常に恐ろしいことです。とりわけ、それを翻訳という営みから考えるなら……。

仮に翻訳を、〈言語X→言語Y〉という変換作業であると定義してみましょう。

しかし、それは本当に可能なのか。

言語Xは言語Xなりに世界を分節化している。もちろん、言語Yも言語Yなりに。すなわち、互いが、それぞれ、恣意的に。……ということはつまり、言語Xによる世界の分節化と言語Yによる世界の分節化は決して完璧には重なり合わないわけで、むしろ、多くのずれが生じるはずなのです。そう。日本語の「蝉」に意味もそのイメージも対応する語彙が、英語にはないように。

もう一つ、例を出してみましょう。

英語の一人称単数は、もちろん、Iです。では、それに完璧に対応する日本語の語彙は、存在するのでしょうか。日本語の一人称単数は、私、僕、自分、ワタクシ、俺、オラ、あたい、拙者、我……等々、数多く存在します。これは、日本語においては一人称単数という存在をいくつもの概念に分節化して捉えていることを意味します。逆に、英語においてはそれらすべてを分けずに、Iと捉える。つまり、「俺は人間だ」も「あたいは人間だ」も「ワタクシは人間だ」も、すべて、〈I am a human.〉と訳されることになる。

しかし、これは本当に正確な訳と言えるのか。

日本語においては、〈俺・あたい・ワタクシ〉はそれぞれ、別個のイメージや含みを有しています。けれども、英語ではすべてIになってしまい、日本語のニュアンスは捨象されることになる。

逆のことも言えます。

英語においては一人称単数をいくつかに分節化して捉えたりはしないわけですから、誰が話すIも、基本的には同じ概念を表しているはずです（もちろん、それが話される際の口調や発音、発声などによってイメージの差異はあるのかもしれませんが、それはここでは度外視しておきます。少なくとも、書き言葉でそれを表すことはできません）。ところが、それを日本語に訳したとたん、そのIを「私」とするか「あたい」とするか「ワタクシ」とするかで、それぞれ別のイメージが付与されてしまう。となると、日本語の語彙によっては、英語のIの持つ意味内容を正確には表現できない、ということになってしまう。

このように考えると、翻訳とは、絶望的なほどに困難な営みであると結論せざるをえません。究極的には、不可能であるとすら……。

〝翻訳の不可能性〟とでも呼ぶべきテーマを考えるうえで、非常におもしろいエピソードを紹介する一冊があります。丸山真男と加藤周一という、ともに戦後日本を代表する知識人の対談をまとめた本です。そのなかの丸山の言葉を、引用してみたいと思います。


ぼくが荻生徂徠は偉いと思ったのは、日本が中国と長い関係にあって、少なくとも知識階級

は漢文は読めるし、書くし、中国古典をすっかり自分の教養にしたつもりになっていた。そこへ徂徠は、「われわれの読んでいる『論語』、『孟子』というのは外国語で書かれている。われわれは昔から翻訳で読んでいるだけだ」と爆弾発言をした。

（丸山真男、加藤周一『翻訳と日本の近代』（岩波新書））

つまりは、日本語に書き下された漢文を読んでも、その文章が本来有していた意味を正確に理解したことにはならない、ということです。なぜならば、「日本語と中国語とは基本的に文法の構造がちがう、これを漢文式にひっくり返して読んでいれば『和臭』を免れない」からである、と。

書き下された中国語は、もはや純粋な中国語ではなく、「和臭」の染み付いた疑似中国語に過ぎない。それでは、中国語で著されたその意味や思想を、読み手は正確に理解することなどできない――こういうわけですね。まさに、〝翻訳の不可能性〟ということになります。江戸時代すでにこのようなことを発言していたのですから、知の巨人である丸山真男が荻生徂徠のことを「偉い」と評するのも、納得です。

そう。翻訳はかぎりなく難しい。

二つの言語それぞれにおける世界の分節化のありようが異なる以上、原語と翻訳において、意味がぴったりと重なることなどありえない。

とすると、翻訳された文章とは、あくまでオリジナルに近づくための方便に過ぎないのか？　翻訳は、オリジナルに対するコピーでしかないのか？　そのテクストの真実に迫るためには、原文を直接に読まなくてはならないのか……？　丸山真男によれば、荻生徂徠は、実際に中国人に教えてもらい、中国語の発音を学んだということです。

断言します。

翻訳は、そのような程度の低いものなどではありえません。

もちろん僕は翻訳家でもなんでもなく、あるいは、翻訳論などを集中的に学んだこともありません。しかしながら、翻訳という行為のすさまじさは理解できる。

考えてもみてください。

決して重なり合うことのない二つの言語のあいだを、それでも乗り越えようとすること。その不可能性への挑戦そのものが、そもそも鳥肌の立つほどに感動的なことと言えるのではないでしょうか。鴻巣友季子『翻訳ってなんだろう？』の紹介で参照したように、日本文学研究者のキーンは、「蝉」一語の〝置き換え〟についてすら、あのような配慮をしているわけです。それはもう、文学の解釈であり、さらには創造とすら言える。『翻訳ってなんだろう？』では、筆者の鴻巣自身が自らの翻訳の実践を見せてくれていますが、僕のような凡人には信じがたいほどの集中力、知識、語学力を駆使し、解釈――文学的な創造に勤しむその様子には、思わず息をのんでしまいます。もちろん、元の言葉で書かれた文章を読むことができるなら、それはとてつもなく素晴らしいことでしょう。しかし、翻訳者が心身を削って訳したその〝作品〟は、原文に負けず劣らず、時に原文を凌駕するような創造性を持つ。僕は、そう信じて疑いません。

そうした思いを確信へと高めてくれた一冊が、リービ英雄『英語でよむ万葉集』(岩波新書)です。奥付の経歴には、「西洋出身者としてはじめての日本文学作家」と紹介されています。アメリカに生まれましたが、十代の後半に日本に移住し、それから、日本とアメリカとのあいだをいったりきたりしている人で、現在は、法政大学で教授をしています。母語ではない日本語で創作を続けている作家です。かつてセンター試験に「『there』のないカリフォルニア」というエッセイが出題され、話題となりました。センター試験に出題されたなかで、僕が最も好きな文章です。

さて、この『英語でよむ万葉集』、題名からもわかるように、あの「万葉集」のなかからいくつかの和歌を選び、それを筆者が英訳する、という内容の本です。もちろん英語は出てきますし、「万葉集」は古文も古文であるわけですが、きちんと一般の読者にも楽しめるように書かれているので、ぜひ、読んでみてください。各章も短く、通勤や通学の電車のなかでこまめに読み進めることもできると思います。

同書は例えば、あの、山部赤人の有名な歌、

田児《たご》の浦ゆ　うち出《い》でて見れば　真白にそ　不尽《ふじ》の高嶺に　雪は降りける

の英訳を試みます。現代語訳として、

田児の浦から出てみると、真っ白に、富士の高嶺に雪が降っていたことだ。

という解釈も載せてくれています。

筆者は、この歌の英訳において、とくに「真白にそ」の解釈にこだわります。この「そ」は、いわゆる〈係り結び〉を作り出す〈係助詞〉と呼ばれる言葉で、強意という役割を担っています。中学の古文の授業で「ぞ・なむ・や・か・こそ」と暗唱した記憶があるかと思いますが、あの「ぞ」と同じです。

リービは、これをどう訳するのか。係助詞などという概念の存在しない、英語という言語へ。

（富士への…引用者注）おどろきと畏敬の表現はすべて、「真白にそ」という一句にかかる。「にそ」＝「にぞ」は力強いことばなのだ。

「真白にそ」は、はたして英訳できるのか。英訳ができなければ、この感性は伝わらない。もし「真白に」だけだったら、簡単である。pure white だけでいい。しかし、pure white

には「そ」の力が出ない。

ぼくはよくよく考えた。そしてあるとき、white, pure white という英語が浮かんだ。

白に、真っ白に、純白に。

何かが滲んできた。何かが見えてきた。

単なる強調ではなく、神体である山の「真白」さが視野に入った瞬間の、それを見る人の感情が、すこし、表わせた。


　これはもう、文字通り〝創作〟ですよ。この章を読んだ際に覚えた感動は、いまだに印象深く心に残っています。とくに、「すこし、表わせた」という謙虚な言い方に、強烈に胸を打たれました。二つの言語体系が決して重なり合うことのないものだということを重々に自覚しながら、それでも、両者を架橋しようとする。〝翻訳の不可能性〟を知り尽くしながら、ないはずの言葉を模索し、創り出す。控えめに、「すこし、表わせた」と吐露されたその言葉には、逆説的に、それを成し遂げたという訳者の矜持を感じることができるのではないでしょうか。いずれにせよ、〈white, pure white〉という詩句を生み出したその瞬間、この英訳は、山部赤人の秀歌と対等に伍する文学テクストとして、屹立することになるのです。

　同書『英語でよむ万葉集』には、他にも、自発（＝自然とそうなってしまう）の含みを持つ「思ほゆ」をどう訳すか、あるいは英語の love に対応しない、古語としての「恋」をどう解釈するか、等々、興味深い話題が盛りだくさんです。全力で推薦しておきたいと思います。

もう一冊、紹介させてください。柳父章《やなぶあきら》という人の書いた『翻訳語成立事情』という本です。これもまた、すこぶるおもしろい。『翻訳と日本の近代』『英語で読む万葉集』と同じく、岩波新書から刊行されています。

タイトル中の「翻訳語」とは、幕末から明治時代にかけて、西洋の概念を日本語へと翻訳するために作られた、日本語としての新たな語彙、あるいは、既存の単語ではあるが、新たな意味を付与された語彙を指します。

例えば、「恋愛」。

「恋愛」もまた、「美」や「近代」などと同じように翻訳語だからである。この翻訳語「恋愛」によって、私たちはかつて、一世紀ほど前に、「恋愛」というものを知った。つまり、それまでの日本には、「恋愛」というものはなかったのである。

しかし、男と女というものはあり、たがいに恋しあうということはあったではないか。万葉の歌にも、それは多く語られている。そういう反論が当然予想されよう。その通りであって、それはかつて私たちの国では、「恋」とか「愛」とか、あるいは「情」とか「色」とかいったことばで語られたのである。が、「恋愛」ではなかった。

1・外国語の文章を読むことの意味

芭蕉の「蝉」と英語の locust や cicada との関係同様、それまでの日本にあった「恋」や「愛」や「情」や「色」と、そして西欧語の love とのあいだに、かなりのずれがある――したがってloveは、「恋」とも「愛」とも「情」とも「色」とも訳せない。それでも翻訳しようというなら、新しい語彙を作ってしまえ!……というわけで生まれたのが、「恋愛」という単語であった、と。既存の語彙では対象言語のその概念を翻訳できないから、新たに語句を生み出してしまう。なかなかにすさまじい執念ですよね。

あるいは、「社会」。

「社会」ということばは、今日、学問・思想の書物はもちろん、新聞・雑誌など、日常私たちの目にふれる活字の至るところで使われている。しかも、比較的大事なところで使われていることが多い。この「社会」ということばは、society などの西欧語の翻訳語である。およそ明治十年代の頃以後盛んに使われるようになって、一世紀ほどの歴史を持っているわけである。

しかし、かつて society ということばは、たいへん翻訳の難しいことばであった。それは、第一に、society に相当することばが日本語になかったからなのである。相当することばがなかったということは、その背景に、society に対応するような現実が日本になかった、ということである。

ずれている…どころではなく、society に対応する言葉が存在しない。先ほど紹介した、「真白にそ」の「そ」もそうでしたね。リービ英雄はそれを、既存の言葉の組合せに工夫を凝らして英訳しました。しかし「社会」に関しては、「ないならば作ってしまえ！」ということで、「恋愛」同様、やはり新しい語彙を作り出してしまった。しかも、その「社会」という言葉がなかったときには日本には「社会」に対応するような「現実」がなかったと言っているのだから、逆に言えば、翻訳語として「社会」という語が発明され、しかもそれがすっかり定着したということは、すなわち、翻訳という営みのなかで生み出された新しい言葉が、日本の「現実」を作り変えてしまったことになる……！

翻訳……なんともすさまじい……。

そろそろ、まとめに入りたいと思います。

ここまでの数冊の紹介だけで、おそらく皆さんも、翻訳という営為の創造性は十分に納得できたかと思います。けれど、今回の目的は、ただ単に、翻訳のすごさをお話することではありませんでした。今回は、何よりも、〝外国語の文章を読むことの意味〟を考えることがテーマであり、翻訳について語る名著を紹介したのは、あくまで、それにまつわるヒントを得るためであったはずです。

けれども、もう、お気づきの方もいらっしゃるかと思います。

究極の外国語体験とも言える翻訳という営みにおいて、例えばキーンやリービは、英語という母語のなかに、日本語の「蝉」や係助詞「そ」に該当する単語がない、ということに気づきました。あるいは徂徠は、中国語との比較のなかで、当然、あらためて日本語の語順や性質というものを客観視することになったでしょう。さらには、明治以降の日本人も、西洋語の society や love に出会い、それを日本語に置き換えようという営みのなかで、日本には「社会」や「恋愛」なる概念が存在しない、ということを自覚するに至ったわけです。

もう、おわかりかと思います。

外国語の文章を読むことによって、逆に、自分の用いる母語の構造や性質を、客観的に理解、あるいは自覚できるようになる！

それが今回、どうしてもお伝えしたかったことなのですね。もちろん、ここに紹介した翻訳家たちのような高度な思考や創造は、僕たち一般の人間には無理です。しかしそれでも、外国語の文章を読むことで、僕たちは、日本語のあり方を、今までよりもくっきりと見ることができるようになる。そうして磨かれていく日本語への鋭敏な感覚は、もちろん、現代日本語で書かれた文章を読む際にも良い影響をもたらしてくれるでしょうし、それに、物事を考えたり、あるいは何かしらの主張を口にしたり書いたりする際にも多大な力を発揮することになるはずです。偉大な翻訳家たちの実践は、そのことを、僕たちに教えてくれるのですね。

2・古文を読むことの意味

現代文読解のための古文

関谷浩『古文解釈の方法』（駿台文庫）という参考書をご存知でしょうか。僕が大学受験をしたころに、「知る人ぞ知る」とされていた名著です。解説は、とにかく本格的でした。読者におもねることがまったくない。それゆえ、詳しくはわからないですが、いわゆる〝売れ筋〟の参考書ではなかったはずです。書店でぺらぺらとめくり、「自分には無理…」と判断して棚に戻す。そんな受験生も少なくはなかったかと思います。

確かに、『古文解釈の方法』（以下、『方法』と略します）は、難しい。

僕自身、きちんと読みこなすことができたのは大学に入ってからです。僕は教育学部の国語国文科に入学したのですが、これは入試日程で穴になっていた日に念のため受けたこの大学にたまたま受かり、他はすべて落ちてしまったためでした（笑）。もともとは、文学部の哲学科かフランス文学科に進み、現代思想を学ぼうと思っていたのです。ところが合格したのは国語国文のみ…ということで、恥ずかしながら、大学入学後に慌てて古文の勉強をし直したのですね。そしてその際、どうせやるなら本格的なものをということで、『方法』に取り組んだのでした。

その後、大学院（中途で退学してしまいましたが）の入試でも、古文の対策として『方法』を復習しました。あるいは、予備校で古文の授業を担当することになった際にも、まずはこの本の復習からやり直しました。やり込めばやり込むほどに、あるいは、いろいろな知識を手に入れれば入れるほどに、その素晴らしさがより理解できる、まさに受験参考書の名著である——読み返すたびに、その思いはますます深まっていったのです。僕は今では現代文や作文の指導に専心し、古文の指導は引退してしまったのですが、もし、これから古文講師として教壇に立つ機会があったら、間違いなく、この一冊の復習から授業準備を始めるでしょう。そのくらい、充実した参考書なのですね。

さて、なぜ本章はこの『方法』の紹介から始めたのか。

それは、この名著のとある解説を参照するところから始めて、「僕たちにとって、古文を読むことの意味、意義とは何か？」ということを考察してみたいと思ったからです。


「古文など、社会に出てからは使わない。そんなものの学習に貴重な時間を費やすのはナンセンスだ」

しばしば、そのような声を耳にすることがあります。

2・古文を読むことの意味

確かに、古文それ自体で会話をしたり、文章を書いたりすることはないでしょう。明治時代あたりの文章や、場合によって昭和に入ってからの文章でも、古文の単語や文法の知識が読み取りに必要になることはままあるのですが、ただ、そういった文章を読むことを生業とする人でもなければ、やはり、古文それ自体を読むスキルは、不要と感じられてしまうのかもしれません。

では、古文を〝職業〟としない人々が古文を学んだり読んだりすることに、はたして意味や意義はないのでしょうか。

その問いに対しては、はっきりと、否！と断言します。

古文を読むことは、誰にとっても、すこぶる大きな意味を持つ。

なお、ここでは、「教養」とか「常識」など、そういった観点からの有用性は度外視したいと思います。あくまでその実利的な有用性という面から、古文を学ぶ意味を考えたい。そして、そこでまず参照したいのが、『方法』の次の一節なのです。

長い文を読んでいる時に、どこで内容の切れ目を見つけて読んだらよいのかということに注意してみる。ある程度の意味上のまとまりを認めて、それらのまとまりを相互に検討することで、息の長い文も読みやすくなるだろう。

（関谷浩『駿台受験シリーズ　古文解釈の方法』駿台文庫）

古文の一文は、とても長いものがある。皆さんも、受験勉強で古文を読んでいるとき、「いつまでたっても句点（＝マル）が現れない！」とイライラしたことがあるのではないでしょうか。確かに、余程の古文上級者でもない限り、あんなに長い一文をすらすら読み通すことはできないでしょう。そこで『方法』の筆者は、〝意味のまとまりを捉えて、そのまとまりごとに情報を整理してゆく〟、という方法を提唱するわけです。そして、ここで筆者の着目するのが、例えば接続助詞と呼ばれる語なのですね。

接続助詞とは何か。

活用語に付き、前後の論理関係を示す助詞です。

活用語とは何か。

活用をする語のことです。

では、活用とは。

これは、例えばその語の下に別の語がくっついたときなどに、その語の形が変化する現象のことです。「咲く」という語の下に「ない」を付けるとどうなりますか？「咲かない」となりますね。「咲く」が「咲か」に変化しました。これが、活用です。そして学校文法では、この活用という現象を持つ語として、〈動詞・形容詞・形容動詞・助動詞〉という品詞を学びます。なお、助詞という概念の理解がおぼつかない方は、とりあえずこの文章を読む上では、いわゆる〈てにをは〉のことであると考えておけば問題ありません。

ともあれ以上を整理すると、接続助詞は、

〈動詞・形容詞・形容動詞・助動詞〉の下に付き、前後の論理関係を示す助詞

と定義することができます。現代日本語で例を挙げるなら、

A　彼は速く走るので、リレーのアンカーに選ばれた。

B　その花は見た目は美しいが、少々臭い。

Aの「ので」は、「走る」という動詞の下に付いて、〈原因速く走る→結果リレーのアンカーに選ばれた〉と、因果の論理関係を示していますよね。またBの「が」は、「美しい」という形容詞の下に付いて、〈見た目は美しい〉のにもかかわらず〈臭い〉と、逆接の論理関係を示しています。この「ので」や「が」のような語を、接続助詞と呼ぶわけです。

再び『方法』に戻ります。この本の筆者は、長ったらしい古文の文を読むうえで、その意味のまとまりを把握して情報を整理することを提唱するわけですが、その際、接続助詞のうちの「て・で・つつ」については、

「て・で・つつ」などは叙述を完結する力がないので、係っていく文節を求めながら、切らずに下へ読み進めていく。

と解説します。この「て・で・つつ」は現代でも使われるので、理解しやすいように、これも現代日本語の用例で確認してみましょう。なお、ここでの「で」は、「て」が濁った音に変化したものです。

今日僕は学校へ行って、本を読んで、サッカーをしつつ、友だちと遊んだ。

「僕は」という主語が「て・で・つつ」を挟んで、「行って」「読んで」「しつつ」「遊んだ」と四つの述語にかかっていくのがわかりますね。つまりは、こういったところは一つのまとまりとして一気に読んでしまおう、ということです。

古文の例文で確認してみましょう。

皆さんは、あの『竹取物語』の冒頭を覚えているでしょうか。「今は昔、竹取の翁と言ふもの有《あり》けり」と始まり、続く一文が、

野山にまじりて竹を取りつつ、万《よろづ》のことに使ひけり。

（『竹取物語』上坂信男全訳注　講談社学術文庫）

でした（網かけは引用者）。接続助詞「て」「つつ」を挟んで、野山に入り込んでいったのも、竹を取ったのも、いろいろなことに使ったのも、すべて、「竹取の翁」ですよね。こうした連続性に着目して、『方法』の筆者は、「切らずに下へ読み進めていく」と言っているわけです。

ただ、まとまりを押さえるというのは、逆に言えば意味の切れ目を探す、ということでもありますよね。筆者は、その際に大きな目印となるのが、同じく接続助詞の「ば・ど・に・を・が」であると説明するのです。

「ば・ど・に・を・が」などは、ある程度叙述がまとまったところに付くので、そこで意味のまとまりを想定していく。

そうですね、例えば、以下の文を見てみましょう。引き続き、『竹取物語』の冒頭からの引用になります。竹取の翁が根本の光る竹を見つけ、近づいていくシーンです。

その竹の中に、本《もと》ひかる竹なん一筋ありけり。あやしがりて、寄りて見るに、筒の中光りたり。それを見れば、三寸ばかりなる人いとうつくしうてゐたり。

一文ずつ見ていきましょう。

その竹の中に、本《もと》ひかる竹なん一筋ありけり。

「竹の中に」の「に」は、接続助詞の「に」でしょうか。答えを言うと、違います。なぜか。接続助詞は、活用語（＝動詞・形容詞・形容動詞・助動詞）に付くのでしたね。けれどもこの「に」は、「中」という名詞に付いています。したがって接続助詞ではありません。格助詞と呼ばれる助詞になります（格助詞については、後に説明します。また、名詞の下に付く「に」がすべて格助詞というわけではないのですが、今回は、その点は無視します）。「竹の中に、根元のほうが光っている竹が一本あった」という意味で、そんなに難しくはないですね。なお、『竹取物語』の原文と現代語訳は、ここ以降もすべて、講談社学術文庫の上坂信男全訳注からの引用となります。

あやしがりて、寄りて見るに、筒の中光りたり。

網かけした二つの「て」、および「に」が、接続助詞になります（「に」はそんなに簡単に結論できないのですが、それについても、後ほど説明します）。「不思議に思って、近寄ってみると、筒の中が光っていた」という意味ですが、「て」を挟んで、「あやしがりて（＝不思議に思って）」「寄りて」「見るに」と二つの述語があることがわかります。すべて、主語は竹取の翁ですよね。まさに、『て・で・つつ』などは叙述を完結する力がないので、係っていく文節を求めながら、切らずに下へ読み進めていく」箇所ということになります。

これに対して、「見るに」の「に」の前後はどうか。

繰り返しますが、「見るに」までの主語は、すべて竹取の翁です。では、「に」の次に現れる述語、「光りたり」の主語は竹取の翁か。もちろん、違います。「筒の中」ですよね。つまり、接続助詞の「に」を挟んで主語が〈竹取の翁→筒の中〉と転換している。『方法』は、こうしたところに〝意味の切れ目〟を認識し、「意味のまとまりを想定していく」ことを推奨しているわけです。

それを見れば、三寸ばかりなる人いとうつくしうてゐたり。

「それ」すなわち竹の筒の中を見るのは、当然、竹取の翁ですよね。そしてその「見る」という動詞に、接続助詞の「ば」が付いている。細かい話は抜きにして、ここでの「ば」は「～すると」「～したところ」などの意味を持っているとお考えください。さて、この「ば」を挟み、その後に現れる「いとうつくしうてゐたり」すなわち「ほんとうに可愛い姿で、そこにいた」

という記述について、そのように述べられているのは誰か。つまり、「ゐたり」の主語は誰か。もちろん、「三寸ばかりなる人」＝「三寸ほどの（たいへん小さい）人」ということになります。この一文でも、接続助詞の「ば」の前後で、主語が〈竹取の翁→三寸ばかりなる人〉と転換しています。やはり、接続助詞「ば」の直下に意味の切れ目を見出し、「それを見れば」までを一つの「意味のまとまり」、「三寸ばかりなる人いとうつくしうてゐたり」を、また別個の「意味のまとまり」と捉えて読むことが可能なわけです。再度引用しておきますが、

「ば・ど・に・を・が」などは、ある程度叙述がまとまったところに付くので、そこで意味のまとまりを想定していく。

という読み方には、一定以上の妥当性はあると考えてよさそうですね。

さて、先ほど、

あやしがりて、寄りて見るに、筒の中光りたり。

の「見るに」の「に」を接続助詞であると説明しましたが、その際に、「『に』はそんなに簡

単に結論できないのですが、それについても、後ほど説明します」と述べました。このことについて、もう少し詳しくお話ししたいと思います。ややこしいと感じられるかもしれませんが、ここ以降が本章の要となる内容ですので、ご理解いただけるまで、何度も繰り返し読んでみてください。

さらに、もう一つ、これも先ほど、

その竹の中に、本《もと》ひかる竹なん一筋ありけり。

の「竹の中に」の「に」について、これが格助詞であることを指摘したうえで、「格助詞については、後に説明します」と言いました。

格助詞とは何か。

これを定義するのは難しいのですが、〈原則として名詞（＝体言）に付き、主に述語に対して持つ働きを示す〉と考えておきましょう。現代語で説明するなら、

彼が、ジュースをたくさん飲んだ。

という一文の場合、「彼が」の「が」、および「ジュースを」の「を」が、格助詞にあたります。

確かに、それぞれ「彼」「ジュース」という名詞（＝体言）に付いていますね。そして、この一文の述語「飲んだ」に対して、

彼が、ジュースをたくさん飲んだ。

というようにかかっていっています。「彼が」の「が」が、「飲んだ」という述語に対する主語であることを示す、〈主格〉の格助詞として働いていることがわかりますね。そして、「ジュースを」の「を」は、「飲んだ」という述語に対する目的語であることを示す、〈目的格〉という役割を担っている。名詞の下に付く助詞「が」「を」「に」は、このように、格助詞として働いている可能性が高いわけです。となると、ここでやっかいな事態が生じることになります。

あやしがりて、寄りて見るに、筒の中光りたり。

の「見るに」の「に」は、本当に接続助詞であると言えるのか。格助詞である可能性はないのか。

「いや、格助詞は名詞の下に付くわけでしょ？　この『に』は動詞『見る』の下に付いている

のだから、格助詞の可能性はないでしょう。接続助詞、一択なのでは？」

と考えるのは、無理もありません。ここまでの説明を踏まえるなら、そういうことになりますよね。ただ、古文には、やっかいな法則がある。それは、活用語〈動詞・形容詞・形容動詞・助動詞〉の下にくる名詞は、必ずしも表記されるとはかぎらない、というものです。複雑な例文ではわかりづらくなると思うので、僕のほうで作成した、単純な例で確認したいと思います。

うつくしき人に、……

この「うつくしき人に」の「に」は、「人」という名詞に付いているので、助詞であるなら格助詞と、すぐに判断できます。ここは、問題ではない。ところが、繰り返しますが、古文には、「活用語〈動詞・形容詞・形容動詞・助動詞〉の下にくる名詞は、必ずしも表記されるとはかぎらない」という法則がある。となると、右の例文は、

うつくしきに、……。

というふうにも表記できるわけです。形容詞「うつくしき」の下にあった名詞「人」が、無表記になっているということですね。

何がやっかいか、おわかりいただけたでしょうか。

うつくしきに、……。

という例文の「うつくしき」の下には、名詞「人」が隠れている可能性がある。もし、名詞が隠れていると判断すれば、「に」は格助詞ということになります。しかしもちろん、「うつくしき」の下には名詞が隠れてはおらず、「に」は「うつくしき」に直接付いている、とすることもできる。そうするとこの「に」は、接続助詞であることになる……。

困りました。

これでは、格助詞か接続助詞かわからない。仮に格助詞でとるならば、「うつくしき(人)に」は、その下に続く述語にかかって一つのまとまりを構成する。に対して、この「に」を接続助詞ととると（「〜ので」「〜のだが」「〜（した）ところ」などの意味になります）、「うつくしきに」の下に意味の切れ目を想定し、ここまでを一つのまとまりとして捉えることになる。

はて、どちらか。

なにゆえこのような事態が生じることになったのか、それについて、大野晋という学者が、

『古典文法質問箱』という名著のなかでこのように説明しています。

接続助詞の「が」「に」「を」ももとは格助詞だったのが、言葉の用法が複雑になるにつれて接続助詞としての用法が出てきたのです。ですから、その境目のところでは、格助詞か接続助詞かわからない場合が当然あり、判別が不可能なものがあります。

比較的早く、平安時代初期には接続助詞としての用法ができたのは「に」「を」です。

（大野晋『古典文法質問箱』角川ソフィア文庫）

なるほど……。

『竹取物語』に戻りましょう。

あやしがりて、寄りて見るに、筒の中光りたり。

の「見るに」の「に」も、「見る」の下に名詞が隠れていると考えるなら格助詞となるし、「見る」の下に名詞が隠れているとはみなさず、「に」が「見る」に直接付いていると考えるなら、「〜ので」「〜のだが」「〜（した）ところ」などの意味を表す接続助詞ととることになる。

では、どう判断するか。

もちろん、大野晋も「判別が不可能なものがあります」と述べているわけですから、最終的にはどちらでとってもいいというパターンは多々ある。ただし、今回に関しては、その点にぎりぎりまでこだわっていきたいんですね。

もう一度、先ほど僕の作った例文を参照しましょう。少し、要素を足しています。

うつくしきに、逢《あ》ふ。

述語「逢ふ」を付け足してみました。するとこの「うつくしきに」の「に」は、格助詞である公算が極めて高くなる。なぜなら、動詞「逢ふ」は、その動作の対象を「名詞＋に」という形で表すことを必要とするものだからです。現代語でも、「友達に会う」「思いがけぬ人に会う」などと表現するはずです。「僕は会う」だけでは、文意は成立しませんよね。とすると、「うつくしきに、逢ふ」の「に」も、述語「逢ふ」の対象を示す格助詞の「に」と考えるのが妥当であり、したがって、「うつくしき」の下には「人」などの名詞を補って読むことになるわけです。

では、『竹取物語』の「寄りて見るに、筒の中光りたり」の「に」はどうか。

この助詞「に」の次に現れる述語は、「光りたり」（＝光っている）です。この述語は、「逢ふ」

などとは違って、動作の対象を「名詞＋に」という形で要求する動詞ではないですよね。となるとこの「見るに」の「に」は、「〜ので」「〜のだが」「〜（した）ところ」などの意味を表す接続助詞であると考えられる。ここでは、「見たところ」あたりの訳がいいかと思われます。

ご理解いただけましたでしょうか。

活用語の下にくる「が」「に」「を」については、格助詞と接続助詞との可能性をまず考えなければならない。そしてその際、識別の基準となるのは、その「が」「に」「を」がかかっていく述語であるということなのです。その述語が〈名詞＋が／に／を〉というまとまりを要求するものであるなら、その「が」「に」「を」は格助詞、そうでないなら接続助詞。要するに、

それがかかっていく述語こそが、判断の基準になる！

ということなのですね。

『方法』の筆者は、助詞「を」について、

「を」という助詞は、「絵を見る」「お茶を飲む」というように使われ、「を」を含む文節は用言に係っていく。そこで、たまたま「を」の上が名詞でなく連体形である場合、目的格を表すもの以外に接続助詞としてのはたらきも持つようになる。まず、係り場所を決めて、「を」を含む

部分と係るところがどうなっているかを確認していくようにする。

と述べたうえで、以下のようなモデルを示します（僕のほうで、やや簡略化しています）。

活用語を／……他動詞 ⬇ 「を」は目的格

活用語を／……自動詞 ⬇ 「を」は接続助詞

つまり、「を」の上が活用語である場合、その「を」がかかっていく述語が他動詞＝目的語をとる動詞であるなら、その「を」は目的格格助詞の「を」であると捉える。逆にそうでない場合は、「〜ので」「〜のだが」「〜（した）ところ」などの意味を表す接続助詞であると考える、ということです。やはり、その助詞を含むまとまりがかかっていく述語から、その助詞の働きを識別することを唱えているわけです。

例えば、

世の中に物語《がたり》といふ物のあんなるを、いかで見ばやと思ひつつ……

（『更級日記　全訳注』関根慶子《せきねよしこ》訳注　講談社学術文庫）

2・古文を読むことの意味

の「あんなるを」の「を」は、どちらでしょうか。目的格格助詞か、それとも、接続助詞か。

まず、「あんなる」という箇所は、「あるとかいう」などの意味を表しています。かつ、「いかで」が「なんとかして」、「見ばや」が「見たい」という意味です。

おわかりでしょうか。

「物語といふ物のあんなるを」というまとまりは、「見ばや」にかかっていっています。そして、「見ばや」の「見」は、当然、動詞「見る」が活用したもの。さらに、「見る」は「名詞＋を」という形で目的語を要求する他動詞です。となると、「あんなるを」は他動詞「見る」にかかっていく目的語であり、したがって、「あんなるを」の「を」は目的格格助詞であると判断される。ですから、「あんなるを」の「を」の前には名詞が隠れていると考え、「世の中には物語というものがあるという（が、その）＝ものを、なんとかして見たいと思いながら」などと、「もの」などの名詞を補いながら訳す必要があるわけですね（実際には、名詞と同じ働きをする「の」を補って、「世の中には物語というものがあるというの＝を」などと訳したほうがスムーズなのですが、ここは体言に付くという格助詞としての性質を明白に示すために、あえてぎこちない訳にしておきました）。

繰り返します。

ここに紹介した「が」「に」「を」の識別（格助詞／接続助詞）については、それを含むまとまりがかかっていく述語との関係性を確認することが基本となります。そしてこの、

述語を中心に文の構造を捉え、文意を把握する！

という観点は、ひとえに「が」「に」「を」の識別に限らず、古文を読解するうえで、様々な場面で要求されるものとなります。つまり、古文の精読は、〈述語を中心に文を理解する〉という読み方を鍛えていく、格好の訓練となるのですね。現代日本語では、難解な文章でもなければなんとなく読めてしまったりするので、逆に、こうした読み方はあまり意識できない。けれども同じ日本語でも、古文の場合は、少し難しくなっただけでも、〝なんとなく読めてしまう〟などということはまずありません。結果として、こうした読解法をとことんまで意識することができる。これは、本当に大きなことです。

なぜか。

「**第1部〜読むための方法〜　5章 難解な文とどう格闘するか**」で言及した内容を、再度思い出してください。難解な文を読解するうえでは、〈述語をまず把握し、そこを起点に文の構造を整理する〉という考え方が有効であることをお話ししたはずです（93〜99ページ）。

もう、おわかりいただけたかと思います。

そう。古文の精読における〝述語中心の読解法〟の意識的な実践は、まさに、現代日本語で書かれた難解な文章の読み取りに必要なこうした思考回路を、徹底的に鍛えあげてくれるのですね。本章の最初のほうで「あくまでその実利的な有用性という面から、古文を学ぶ意味を考えたい」ということを申し上げましたが、それがまさに、このことなのです。

〝現代日本語で書かれた文章を読むことにおける、古文を学ぶことの有用性〟は、もちろん、ここに紹介した考え方のみにとどまるものではありません。他にも、様々な効果をもたらしてくれます。ただ、今のところ僕が最も重要視するのがこの点であることは、強調しておきたいと思います。

3・文学理論を知る意味 1

「中心／周縁」理論・他

文化を、その中心的な座に位置するものと、辺境へと追いやられてしまった周縁的な要素との対比から捉え、その周縁的な要素が、時に中心に現れ中心を活性化する……このようなモデルで文化のダイナミズムを捉える考え方を、「中心と周縁」理論と呼びます。かつて文化人類学者の山口昌男が唱え、二〇世紀の後半に大流行した考え方ですね。

例えば、以前、このような話を聞いたことがあります。講演だったか授業だったか本だったか何かの記事だったか……すみません、出典はどうしても思い出せなく、本来ならこうしたところで紹介するのはよろしくないとは思うのですが、ただ「中心と周縁」理論のイメージをつかむうえで、これ以上にわかりやすい事例を思い浮かべることができないので、今回についてはお許しいただきたく存じます。また、重ねての言い訳になってしまいお恥ずかしい限りなのですが、ここに紹介する内容が学術的に正しいかどうか、専門外の僕にはわかりません。その点についても、何卒ご寛恕ください。

子どもって、変な絵を描きますよね。

例えば、真横から見ている構図なのに、タイヤが四つ描かれている車とか。僕たち大人は、そうした絵を見て、「ああ、いかにも子どもの絵っぽくて、微笑ましいな……」などと思ったりします。けれどもそれは裏返していえば、〈四輪のタイヤが描かれた車の絵＝未熟な絵〉と認識しているということでもあります。

なぜ、僕たちはそのように判断するのか。

それは、僕たち大人が、「真横から見たら、車のタイヤは二つしか見えないはずだ。それなのに、その絵は四つのタイヤを描いてしまっている。見えないはずのものを描くなど、絵の描き方としては不正確だ」と考えてしまっているからですよね。

つまり僕たち大人は、〈絵＝見えている対象を、正確に再現するもの〉という固定観念に囚われている。ヨーロッパのルネッサンス期から近代以降に主流となった、遠近法に基づく写実主義＝リアリズムの理念に支配されてしまっているわけです。

これに対して、タイヤを四つ描いた子どもたちの論理は、どういうものか。

それは、「車にはタイヤが四つあるのだから、四つ描いた」という考え方であるはずです。つまり、見えたものを正確に再現するという大人の論理に対し、子どもたちは、対象について知っていることを、可能な限り、キャンバスに再現しようとする。

けれども繰り返しますが、僕たち大人は、そういった子どもの論理を認めない。幼稚なものと考えてしまっているわけです。これを、「中心と周縁」という枠組みで整理するなら、

〜絵の描き方〜
中心＝見えたままを忠実に再現する、リアリズムの画法
周縁＝知っていることを描き込む、子どもの画法

ということになります。

ところが、この、「周縁」に追いやられていた〈知っていることを描き込む、子どもの画法〉を、絵画の新たな技法として積極的に取り上げる芸術家たちが現れる。それが、ピカソらキュビズムの運動なのですね。

「あ！」と思われた方もいらっしゃるのではないでしょうか。

ピカソの絵を初めて見たとき、「なんだこの絵は」と思ったことのある人は、少なくないと思います。確かに、変な画法を用いた絵です。女性の顔を描いた一連の人物画など、構図がめちゃくちゃに思えますよね 図版1 。右目は横から捉えた描き方になっているのに、左目は真正面から捉えた描き方になっている。鼻は右横顔からの視点で描かれているのに、口は左横顔からの視点で描かれている。右耳の穴と左耳の穴が同時に見える……等々。つまりは、モデルをいろんな角度から眺めて、そのそれぞれの視点から捉えた情報を、平面のキャ

ンバスに描いてゆくという画法……そうです。まさにこれこそ、「知っていることを描き込む、子どもの画法」そのものではないでしょうか。

言ってみればキュビズムは、それまで「周縁」に追いやられていた子どもの画法を取り込み、芸術の世界に革新＝活性をもたらした運動であったわけですね。まさに、「中心と周縁」理論の典型と言えるのではないでしょうか。

ただし、この「中心と周縁」理論についてお話しする際に、少々気をつけねばならないことがあります。この「中心と周縁」という用語の持つ意味は、とある誤解につながりやすいのですね。

図版1　パブロ・ピカソ「女の顔」

文化には「中心と周縁」がある――このように言うと、「中心と周縁」理論を、〈文化なるものを高級な文化と低俗な文化に区別し、前者を尊び後者を蔑むような考え方〉などと理解してしまう人もいるのではないでしょうか。

でも、それは違います。

確かに「中心と周縁」理論は、ある一定の時点における、文化のステータスの上下は前提とします。しかしながらそれは、あくまで、その「一定の時点」に過ぎません。右のキュビズムの例でわかるように、その時点で周縁に追いやられている、つまりはステータス的に下に位置づけられている文化も、文化全体が次なるフェイズへと革新されてゆくためには、決して欠かすことのできない重要な因子であるわけです。それがなければ、文化はいつまでも同じことを反復し続けていくだけで、進歩も発展もない。延々と停滞しているだけのものになってしまいます。ですから、「周縁」にはむしろ、ポジティヴな価値がある。文化のダイナミズムを展開する、不可欠の動力であるわけです。まさに「中心と周縁」理論は、辺境に追放されてしまっている周縁的な文化、要素に対して、その価値を積極的に見出していこうとする視座なのですね。

「中心」とは対立する論理としての「周縁」。

その存在こそが、文化を文化として躍動させる要因である……。

そのような前提で「周縁」を見るということは、すなわち、その「周縁」としての存在を、自分とは徹底的に異なる存在として見つめるということを意味します。なぜなら、自分に連続するものとして見てしまう限り、周縁的存在とは、永遠に、「中心」にとっての単なる代替物・補完物ということになってしまうでしょうから。

周縁的存在を、自己とは根本的に異なるものとして対象化すること。

それはすなわち、周縁的存在という他者を、自分たちの論理で染めたりはしない、という敬意の表れでもあるはずです。

つまりは、他者の他者性を、より明瞭に意識すること——という言い方がなんだか腑に落ちなければ、要するに、他者を自己とは異なるものとして敬い、決して自己に従属させようとはしない、そういった意味であるとご理解いただいてかまいません。

ここでぜひとも紹介したい本があります。

本田和子《ますこ》という人の書いた、『異文化としての子ども』という一冊です。この本は、まさに、子どもという存在を、中心的文化＝大人の担う文化にとっての周縁的他者として捉え、大人と連続した存在としての子どもではなく、大人とは異なる論理、価値観、行動様式を持った「異文化」として再発見していくことを主題としています。

子どもへのまなざしが規範から逃れ、自由を取り戻す、そのとき、私どもの前に彼らの「他者性」が鮮かに浮かび上る。子どもたちはおのずからなる反秩序性の体現者であり、「文化の外にある存在」として、存在そのものが秩序への問いであり続けるのだから。

（本田和子『異文化としての子ども』ちくま学芸文庫）

第一刷の発行が、1992年。もはや古典的名著とも言えますが、今読み返しても、その新鮮さはまったく衰えていません。これからも、不朽の価値を持つ一冊だと思います。

さて、この「中心と周縁」理論ですが、僕がこうした考え方に本格的に触れたのは、大学に入学してからのことでした。教育学部国語国文科の「中世文学」の授業ですね。たぶん、大津雄一先生のご講義だったかと思います。

これが、すこぶるおもしろかった。

あまりにおもしろかったので、当時のノートはそのままとってあります。今、開いてみると……まず、『保元物語』中における源為朝の描かれ方の箇条書きから始まっていますね。

・身のたけ七尺にあまる
・弓手《ゆんで》の方が馬手《めて》より四寸（12㎝）長い
・15束の矢（普通は12束の長さ）…30㎝くらい長い
・8尺5寸の弓（普通は7尺5寸）

そしてこれらの特徴を、「異形の存在」とまとめています。そのうえで、〈筑紫から上京し、父の戦に巻き込まれるが敗戦、手の筋を切られ、伊豆大島に配流。鬼ヶ島に行き、鬼を配下につける。そして伊豆大島に戻るが、追討される〉という為朝ヒストリーが紹介され、ここで、「中心と周縁」理論についての解説がくる。

辺境に住む異人が、時に内の空間に現れ内の空間を活性化し、再び辺境へと戻っていくと。さらに、

異形性が、軍記物語における周縁的英雄の条件

ともあります。

続くページには、同じく「中心と周縁」理論の典型として、崇徳上皇についての概説もまとめてあります。上皇でありながら讃岐の白峰に配流された崇徳は、経を都の近くに収めてほしいと望むが却下され、結果、怨霊と化す。そしてしばしば「中心」としての都に現れて厄災をもたらすも、祀られ、国を守護する存在として、「中心」に利用されてしまう……まさに、中心から周縁へと排除された存在が、中心を活性化する、という、典型的な構造を見ることができます。

二〇世紀の後半に概念化された「理論」によって、古典作品の新たな解釈が可能となる。よくよく考えれば、これはものすごいことではないでしょうか。

けれども、もちろん「中心と周縁」理論は、古典文学作品を読むうえでのみ有効な観点、というわけではありません。

ミヒャエル・エンデの『モモ』という作品はお読みになった方も多いのではないかと思います。大島かおりの翻訳で、岩波書店から刊行されています。児童文学ではありますが、寓意に満ち、大人でも十分に読み応えのある内容となっていますので、未読の方は、ぜひ、読んでみてください。

モモは、ローマを彷彿とさせる都市の「円形劇場」に住みついた少女です。

モモの見かけはたしかにいささか異様《いよう》で、清潔《せいけつ》と身だしなみを重んずる人なら、まゆをひそめかねませんでした。（中略）生まれてこのかた一度もくしをとおしたことも、はさみを入れたこともなさそうな、くしゃくしゃにもつれたまっ黒なまき毛をしています。

（ミヒャエル・エンデ『モモ』大島かおり訳 岩波書店）

源為朝のような異形性を刻印された存在であることがわかります。つまりモモは、都市の「中心」的領域からは排除された、「周縁」の存在として物語に登場するわけです。

さらに、モモの「周縁」的性格は、「灰色の男たち」の登場によってより強調されることになる。「灰色の男たち」は、「時間貯蓄銀行」の人間を自称する者たちで、人々に、「時間」を「貯蓄」

することを勧めます。これはもちろん、時は金なりの比喩……無駄と思われる非生産的な時間をとことんまできりつめ、生産性・能率性をのみ追求する、近代的な合理主義、あるいは資本主義を象徴するキャラクターと解釈できます。近代の社会、いや、世界を席巻する合理主義や資本主義の論理が街を覆い尽くしていけばいくほど、労働的な行為は何もせず、ただひたすらに人の話を聞くことのみを日々の営みとするモモは、ますます、そうした価値観の対極的存在として、「周縁」へと追いやられていってしまうのです。

けれども、「灰色の男たち」の甘言に惑わされて日々や生きることから余裕を喪失し、まさに「灰色」の毎日を疲弊しながら生きる人たちを救ったのは、このモモでした。モモは、単身「時間の国」に赴き、人々から奪われた時間を奪還することに成功するのです。「周縁」的人物が、都市の「中心」的領域を襲った停滞を打破し、活性化させる。まさに、「中心と周縁」理論そのままの展開ですよね。

太宰治に『斜陽』という小説があります。『人間失格』と並ぶ、太宰の代表作です。語り手は、アジア太平洋戦争の敗戦後、華族制度の廃止によっていわゆる没落貴族として生きることになった、かず子という女性です。離婚経験はありますが、いまだ三十路になる手前。一人称語りなのではっきりとは示されませんが、おそらくは、美貌の持ち主です。ここまでの説明で、すでに、かず子の「周縁」的特徴は明らかでしょう。

まず、現代以上に男性中心主義が根強かった時代において、女性というジェンダーを生きることは、それだけで社会の「周縁」へと追いやられることを意味する。かつ、三十路手前とはいえ、当時の常識から言えば結婚適齢期はすでに過ぎている。加えて彼女は、結婚生活に失敗し、いわゆる〝出戻り〟の状況でもあったのです。女性という存在の価値を結婚という観点のみから評価する時代において、そうした諸々の設定もまた、彼女の「周縁」性を強調することになる。そして何より、かつては華族……すなわち権力構造の「中心」に位置していたにもかかわらず、今では一般の市民として暮らすという立ち位置、これなどはまさに、「辺境へと追いやられてしまった」という「周縁」的あり方の象徴であると言えるのではないでしょうか。

そんなかず子が、恋をする。

妻子ある男性作家と一夜を共にし、そうして授かった子どもを、シングルマザーとして育てていくことを宣言する。

考えてみてください。

この今の世においても、例えば芸能人や有名人などの不倫は、ワイドショーや週刊誌などの格好のネタになる。皆、鬼の首をとったかのように、彼、あるいは彼女を批判する。時には、誹謗中傷としかいえないような汚い言葉をもって。

では、どうして世間はそうした激しいバッシングを展開するのか。

色々な理由はあるでしょうが、それはやはり、不倫という行為が、一般の人々の信じる社会秩序のなかでは認めることができないものであるからでしょう。もっと言えば、そうした行為は、自分たちの信奉する社会道徳や秩序を破壊してしまう可能性がある。人間は一般に、自分がその中に安住する秩序の崩壊を恐れる生き物です。不倫とはまさに、そうした秩序の破壊者として、嫌悪され、忌避される対象となるわけです。

今ですらそうなのです。

いわんや、かつての時代であったなら……!

そのような状況下で、没落貴族ゆえ、おそらくは世間からの目もより厳しかったであろうかず子が、妻子ある男性作家との不倫によって身籠った我が子を、シングルマザーとして育てていく。これはまさに、旧弊たる社会秩序に対する挑戦であり、抵抗であり、新しい価値の創造をかけた営みであり――すなわち、「革命」であったわけです。

残念ながら、かず子母子がその後どのような生を生きていったのか、小説には語られていません。しかしながら、こうしたかず子の生き方もまた、まさに、「周縁」に追いやられた者が社会の秩序という「中心」に揺さぶりをかけるという、「中心と周縁」理論の実践そのものであると言えるのではないでしょうか。

岩明均の『寄生獣』という漫画があります 図版2 。これも相当に有名な作品ですので、

図版2　『寄生獣』（岩明均、講談社）

読んだことがある方もいらっしゃるでしょう。物語の設定上、人間が惨殺されるグロテスクなシーンが満載なので、そうした要素が苦手な方は避けておいた方が無難かもしれません。ですが、そういった描写が苦手でない方は、未読ならばぜひ読んでほしい。世紀の大傑作です、本当に。

『寄生獣』の冒頭は、以下のようなナレーションで始まります。

地球上の誰かがふと思った
『人間の数が半分になったらいくつの森が焼かれずにすむだろうか……』
地球上の誰かがふと思った
『人間の数が100分の1になったらたれ流される毒も100分の1になるだろうか……』
誰かが　ふと思った『生物《みんな》の未来を守らねば……』

そして、宙から降りてくる謎の物体から生まれた蛇のような生命体が、人間の身体に潜り込み脳を乗っ取ることで、人間を捕食する存在となる。ただ、泉新一という高校生の少年は、自らの上腕をコードで締め上げることによって、右腕に侵入した蛇のような生命体が脳まで至るのを防ぐことに成功する。結果、泉新一は、人としての意思を保ちながら右腕にのみパラサイトが寄生する、稀有な存在になる。新一とパラサイト……ミギーと命名された謎の生命体は、協働し、襲いかかる他のパラサイトたち――生命体に完全に脳を支配され、人間を捕食する〝怪物〟へと生まれ変わってしまった者たちを倒していく……。

では、この奇妙な生命体は、いったい何者なのか。

漫画『寄生獣』のなかで、その謎が直接明かされることはありません。当のパラサイトたち自身が、そのことを把握していない。パラサイト側の重要キャラクターに、田宮良子、後に田村玲子と改名する女性がいるのですが、彼女はまさに、自分たちパラサイトが何者で、そしてどのような意味を持つ存在なのかということを思索し続けるのですね。余談ですが、僕はこの『寄生獣』を、田宮良子（田村玲子）の物語として読みました。全編に隙のない完成度の高い作品ですが、とりわけ彼女の内面やその変化の描き方が絶妙なんですよね……。

ともあれ、パラサイトたちの正体は、わからない。わからないのだけれども、物語の象徴的な次元では、彼らがどのような存在であるかは明らかです。それはすでに、冒頭のナレーションに示唆されている。そうです。『生物《みんな》の未来を守らねば……………』という思いへ応答する存在、すなわち、人間という簒奪者によって破壊される者たち、地球や自然の論理を象徴する者たちであるのです。

新一とミギーのコンビに立ちはだかった最も強大な敵、いわゆるラスボスは、後藤という男でした。通常は一人の身体につき一体しか寄生しないパラサイトを、なんと五体も同居させている。とんでもなく強い。他のパラサイトたちは人間のショットガンなどの兵器であえなく絶命してしまうのですが、後藤はそれをすら防ぐ。とてもではないが、新一とミギーのコンビに勝てるような相手ではないのですね。

けれども、二人は後藤に勝ちます。

その決定打となったのが、決戦の場に不法投棄されていた産業廃棄物なんです。新一は、そのゴミの山に刺さっている鉄の棒を見つけ、それを後藤の脇腹に突き立てる。すると後藤は、今まで統御できていた同居する他のパラサイトたちを抑えることができなくなってしまう。他のパラサイトたちが、鉄の棒に付着していた有毒物質に拒否反応を示し、後藤の身体から離脱しようとしたためです。

ここまで説明すれば、このパラサイトたち、何よりその究極の存在である後藤が、自然の論理――人間の文明によって簒奪され、搾取され、そして蹂躙されるこの地球の自然環境そのものを象徴する者であることは明らかでしょう。作者の岩明均自身が、最終話の後の「付記」のなかで、『『美しき野性』『偉大なる大自然』の代表選手である『後藤』」と明言しています（『寄生獣（10）』講談社　＊電子書籍版）。

つまり、『寄生獣』の世界観には、明らかに、〈自然を蹂躙する人間／人間に蹂躙される自然〉という二項対立が想定されている。これを本章のテーマに引きつけるなら、

中心＝自然を蹂躙する人間
周縁＝人間に蹂躙される自然

と整理することができるでしょう。「自然」はまさに、人間文明の発展のなかで「辺境」へと「追いやられてしまった」、「周縁的な要素」であるわけです。「**第1部～読むための方法～　3章 読むことと知識 3**」で詳しく説明した、デカルトや近代哲学者たちによる〈科学による自然の統御〉という思想について、再度ご参照ください（53～57ページ）。『寄生獣』についての本章での解説も、より腑に落ちるかと思います。

となると、『寄生獣』は、人間論理によって「周縁」へと追いやられた自然が、再度、人間世界という「中心」に侵入し、新たな世界の秩序を構築しようと模索する、典型的な「中心と周縁」理論の物語として読むことができるわけです。「保元物語」のところで言及した、「異形性」が「周縁的英雄の条件」であるという点に関してなども、まさにパラサイトたちの身体的形質において顕現していると言える。

「中心と周縁」理論で読み解くことのできる作品を挙げていくのは、これで終わりにします。ですが、皆さんがこれまでにお読みになった小説、物語、漫画、あるいはアニメや映画などの中にも、こうした構造を有する作品は、おそらくたくさんあるはずです。きっと、時代や社会の別を問わず……。

時代や社会の別を問わず、人間の編み出した物語に普遍的な構造が見出されること。実は、本章で皆さんにお伝えしたかったことはこの点なのですね。

「中心と周縁」理論は、あくまでそれを説明するうえでの具体例に過ぎません。例えば、民俗学や国学の巨人、折口信夫という学者は、「貴種流離譚」という話型に着目する。「精選版 日本国語大辞典」には、

説話の一類系。幼い神や英雄が、種々の試練を経て、動物の助け、知恵の働き、財宝の発見などによって艱難を克服して神となったり、尊い地位につくというもの。（後略）

などと解説されています。くだけた言い方に直すなら、〈もともと高貴な出自の者がいったん落ちぶれ、そこでいろいろと苦労をすることで、最終的にまた高貴な存在として復活する〉などとまとめることができるでしょう。折口自身による定義も参照してみます。

日本の古い文学は「貴種流離譚」といふ一つの類型を持つてゐる。源氏物語の須磨ノ巻・明石ノ巻においても、あるひはまた古今集の業平の歌、あるいは小野篁の歌においても見られるごとく、上代には貴種流離の話が非常に多い。竹取物語もさうだし、丹後風土記にもかかる類型が出てくる。身分の高い幼い人が流されるといふ悲しい文学の型は夥しいほど多い。これはおそらく日本民族が古代から通じて持つてゐた信仰の一つであらう。

(折口信夫「上代の日本人――語部と文学――」『折口信夫全集 5』中央公論社)

折口自身は、「身分の高い幼い人が流されるといふ悲しい文学の型」という言い方にうかがえるように、〝高い身分からの追放と流浪〟という点に着目し、そこからの復活という点についてはさほど強調していないわけですが、現在文学理論として援用される際には、復活までを想定していることが多いようです。

ここで着目したいのは、「日本民族が古代から通じて持つてゐた信仰の一つ」という言い方です。他の論考などを参照しても、折口は、貴種流離譚という考え方を、日本文学の特徴として認識している可能性が高い。しかし、高貴な身分の者がいったん落ちぶれ、苦労を経て復活する――という物語の構造は、むしろ、世界各地の民話や神話、あるいは物語にも見られるものなのではないでしょうか。例えば、「みにくいアヒルの子」や「シンデレラ」のように……!

ウラジミール・プロップという昔話の研究者がいます。彼は昔話を三十一の機能から成るものであると唱えました。詳しくは、蓼沼正美《たでぬままさみ》『超入門！現代文学理論講座』（ちくまプリマー新書）をお読みください。相当に丁寧に、わかりやすく、解説してくれています。そしてそのなかに、このようなことが述べられているのですね。

ですから、そういうプロップの考え方に従うなら、私たちはよく、その地方固有の物語というようなことを言ったりするのですが、むしろ物語というのは、そういうローカルなものを超えて、世界的に共通する機能によって成り立っているんだと言えることになります。

（蓼沼正美『超入門！現代文学理論講座』ちくまプリマー新書）

人類は、長い歴史のなかで、じっくりと、それぞれの集団の文化や世界観を醸成してきました。使う言語も、多種多様です。それでも、もしかしたら、古今東西の人類に普遍的に見られる認識のありかたというものが存在するのかもしれない。ここに紹介したいくつかの文学理論は、そのことを僕たちに教えてくれます。そしてそれは、対立や衝突ばかりの溢れるこの世界を考えるうえで、一筋の光明になるものなのかもしれません。

4・文学理論を知る意味 2

記号論・テクスト論

今回は、記号論、あるいはテクスト論という考え方を紹介したいと思います。

そのためには、まず、「**第1部～読むための方法～ 3章 読むことと知識③**」で参照した、ソシュールの思想について確認しなければなりません。同章でソシュールに関し、以下のようにまとめたことをご記憶されているでしょうか。

ニーチェ、フロイト、そしてソシュール。

彼らの思想は、本人が意図していようがいまいが、結果として、西欧哲学、そして科学へと連綿と受け継がれてきた理性中心主義を動揺させる力を有していました。そしてこうした先駆者たちの思想を援用し、まさに自覚的に理性中心主義を徹底的に批判しようと試みたのが、20世紀後半以降に思想史の主流となる、ポストモダン思想と呼ばれる一連の言説だったのです。

ここでお話しする記号論、あるいはテクスト論は、まさにポストモダン思想の典型的な考え方であり、そして、そこで理論的な支柱となっているのがソシュールの言語学なのですね。まず、ソシュールらの唱える「記号」とは何か。

そうですね……例えば、僕が今、〈himawari〉という音を発声したとします。この本を読んでいる皆さん（＝日本語母語話者、もしくは日本語に堪能な方）であれば、その音を聞き取れば、即座に頭のなかに〈ひまわり〉のイメージを思い浮かべることでしょう。

〈himawari〉という音と、〈ひまわり〉というイメージの組み合わせ。

さらに抽象化すれば、〈音〉と〈イメージ〉の結合体。

これがすなわち、僕たちが日常的に使用している「語」というものの基本的な構造であるということになります。

もう少し掘り下げていけば、ここでの〈音〉は、何かしらの〈イメージ〉を意味する側、逆に、〈イメージ〉のほうは、何かしらの〈音〉によって意味される側、と考えることができます。

すなわち語とは、

〈音＝意味するもの〉＋〈イメージ＝意味されるもの〉

という組み合わせのことであると定義できる。そしてここに専門用語をあてがうと……、

〈音＝意味するもの＝記号表現〉＋〈イメージ＝意味されるもの＝記号内容〉

となります。前者をシニフィアン、後者をシニフィエとも呼ぶのですが、カタカナ語で表現するより**〈記号表現／記号内容〉**と言ったほうがイメージもしやすいと思いますので、本稿では、こちらの表記を用いたいと思います。

さて、ここでは今、僕たちが日常的に使っている「語」というものを分析して、それを〈記号表現／記号内容〉の組み合わせと定義したわけですが、こうした「語」の構造をモデルに練り上げられた概念が、「記号」なのですね。つまり「記号」とは、「語」と同じく、〈記号表現／記号内容〉の組み合わせによって成り立つものである、ということになる。

ここに、記号論・テクスト論への道が開けます。

言葉における「語」をモデルとして「記号」という概念が誕生したことによって、今度は逆に、

「語」以外のものでも、そこに〈記号表現／記号内容〉という組み合わせが認められるならば、それは「記号」である

ということになるわけです。

いまいちぴんとこないでしょうか。

例えば、そうですね……とある夏の夜、仕事や勉強に疲れてふと窓の外に耳を澄ましてみたら、コオロギや松虫などの鳴き声がかすかに聴こえたとします。その時皆さんは、きっと、「秋も近いなぁ」などと、〈秋の到来〉を感じ取ることでしょう。

お気づきでしょうか。

今ここに説明した状況が、まさに「語」以外のものにも「記号」としての性質を認めることのできる、典型的な事例であることに。

繰り返しますが、「記号」とは、〈記号表現／記号内容〉の組み合わせを言います。

そして、この事例において皆さんは、「コオロギや松虫などの鳴き声」という現象に対し、〈秋の到来〉という意味を読み取ったわけです。結論すればここには、

コオロギや松虫の鳴き声＝記号表現
秋の到来＝記号内容

という構造が認められるわけですね。まさに、**〈記号表現＝鳴き声＋記号内容＝秋の到来〉**という一つの「記号」がここに成立している。

つまり「記号」とは、「語」の構造を基本として、それをもっとより広い範囲に当てはめ

て考えようという発想であるわけですね。そこに〈記号表現／記号内容〉という組み合わせを確認することができれば、それらはすべて「記号」である、と。

これは考えてみれば、すごいことです。

なぜならば、この世に存在するすべてのモノ、あるいは、この世に生じるすべての出来事は、皆、「記号」である……誇張ではなく、そうとすら言えてしまえるからです。なぜそう言えるか。理由は簡単です。僕たちは、あらゆるモノや現象に対して、そこに何かしらの意味を解釈することができるからです。そしてその際、そのモノや現象は、何かしらの〈イメージ〉を意味する側＝記号表現であり、そこに読み取られた意味は、そのモノや現象によって意味される側＝記号内容であるわけです。つまり、世界は無限の「記号」で溢《あふ》れている……！

このような考え方を応用し、社会や文化などを様々に解釈していくのが、記号論、あるいはテクスト論です。**テクストというのは、無数の記号の連なりのことである**と理解しておいてください。その典型例が、文章ですね。でも、例えば人の身につけるファッションとか、あるいは舞踊や音楽などの非文字的芸術とか、そういったものもまた、無数の記号の連鎖によって成り立つテクストとして捉えることもできます。都市のあり方をテクストに見立てる論考なども、しばしば目にすることがあります。繰り返しますが、そこに意味を解釈した瞬間、それは記号となり、そしてそうした記号の連なりがテクストであるわけですから、テクストは、文章に限定される概念ではないのですね。

では、以上の理解を踏まえ、記号論の具体的な内容に踏み込んでいきましょう。

もちろん、「文学理論」を扱うのがこの章の目的なので、ここでは、文学の読みにおいて記号論・テクスト論がどのように展開されるのか、その実践を紹介してみたいと思います。次に引用するのは、川本茂雄という言語学者の名著、『ことばとイメージ―記号学への旅立ち―』（岩波新書）の一節です。

まず次の句を見てください。

法師蝉しみ〲耳のうしろかな　川端茅舎

すぐ感じられるように、「法師蝉」のところに「し」、それから「しみ〲」のところにまた「し」が二回、それも二度目は「じ」の形で出ていて、蝉の声がほぼ再現されてます。されているような印象を受けます。それから、せみ、しみ、じみ、みみ、というふうに、イ、イ、イ、イ、イ、というのが続いています。「イ」というのは、われわれの口が大きく開かない音ですから、何かほそいものとのつながりを感じさせます。

（川本茂雄『ことばとイメージ―記号学への旅立ち―』岩波新書）

川端茅舎《かわばたぼうしゃ》の句の意味をストレートに理解するのは、さほど難しくはありませんね。法師蝉の鳴き声が、しみじみとした趣で耳の後ろから聴こえてくる……こう言ってしまうと情趣も何もなくなってしまいますが、そのような情景を詠んでいる。

ところが、川本はここに、また別個の意味を見出すわけですね。

まず、句中に頻出する「し」に、「蟬の声」の「再現」という意味を解釈しています。そして、反復される「イ」音の調音方法に着目し、「何かほそいものとのつながり」を読み取っています。

おそらくは、しみじみとした趣をより演出する装置ということでしょう。

お気づきになった方も多いのではないでしょうか。

この分析、〈記号表現／記号内容〉という用語を使って言い換えることができるんですよね。すなわち、

句中に頻出する「し」＝記号表現
蟬の声＝記号内容
反復される「イ」音の調音方法＝記号表現
何かほそいもの＝記号内容

という構造。

どうでしょう。

このように解釈すると、「法師蝉の鳴き声が、しみじみとした趣で耳の後ろから聴こえてくる」という平坦な状況説明に過ぎなかった第一段階での解釈が、より豊穣な解釈へと深化したと感じられるのではないでしょうか。

「記号」というと、人はしばしば、無味乾燥で抽象的な符号を想起してしまうものですが、記号論・テクスト論の言う「記号」は、決してそのような概念ではありません。反対に、人が気づかぬような様々な要素に目をつけ、そこに新たな意味を見出していく、という、とても創造的で、かつ豊かな可能性を持つ考え方であるのですね。この点は、とくに強調しておきたいと思います。

さて、右の川本の記号論的・テクスト論的解釈について、もう少し言及してみたいと思います。

川本は、川端茅舎の句について、**〈記号表現＝句中に頻出する「し」／記号内容＝蝉の声〉**、及び**〈記号表現＝反復される「イ」音の調音方法／記号内容＝何かほそいもの〉**という「記号」を見出しました。

では、川端茅舎は、本当に「し」の使用や「イ」音の反復に、そのような意味を込めていたのでしょうか。つまり、川本による記号論的解釈は、句の詠み手である川端茅舎の意図に合致したものと言えるのでしょうか。

答えは、それはわからない、です。

もしかしたら川端茅舎も、そのような意図で句を詠んだのかもしれない。でも、そうではないかもしれない。つまり、わからない。

ここで、記号論・テクスト論を語るうえで触れないわけにはいかない、フランス現代思想の巨匠、ロラン・バルトの言葉を参照したいと思います。バルトは、バルザックの小説の語りを引用しながら、その語りについて、「**しかし、こう語っているのは誰か？**」という問いを立てます。おそらくこうした問いに対しては、多くの人が、「え？それは、その小説の作者であるバルザックでしょ？」と答えるのではないでしょうか。けれどもバルトは、こう断言するのですね。

それを知ることは永久に不可能であろう。

（ロラン・バルト「作者の死」『物語の構造分析』花輪光訳　みすず書房）

要するにバルトは、そこに書かれたものからその作者をたどることはできない、と主張している。なぜか。

テクストとは、一列に並んだ語から成り立ち、唯一のいわば神学的な意味（つまり、「作者＝神」の《メッセージ》ということになろう）を出現させるものではない。テクストとは多次元の空間であって、そこではさまざまなエクリチュールが、結びつき、異議をとなえあい、そのどれもが起源となることはない。テクストとは、無数にある文化の中心からやって来た引用の織物である。

この引用箇所冒頭の一文でも、バルトは、「テクスト」は「作者」の「メッセージ」を出現させるものではない、と、テクストと作者とのつながりをはっきり否定しています。そしてその理由を、「テクスト」は「**引用の織物**」であるからだ、と説明していますね。「引用の織物」。

繰り返しますが、「テクスト」とは無数の「記号」の連なりから成るものです。そして「記号」の代表格が、「語」。つまりバルトは、

テクストとは無数の「語」を「引用」し、それを「織物」のように編み直したものである

と言っているのですね（ここで「バルトは……言っている」という言い方をするのは極めてテクスト論的で

はないのですが、そうした話を始めると話の収拾がつかなくなるので、その点はどうかお許しください）。

重要なのは、「語」の「引用」という考え方です。

僕たちは、皆、言葉を運用します。そしてその際、無数の語を使用する。けれども、その語のほぼすべては、すでにこの世に存在するものであるわけです。例えば「法師蝉」という語にしたって、川端茅舎がそれを考案したわけではない。過去よりこの社会で使われてきたものを、借用……つまり、「引用」して詠み込んだのです。となるとその語には、それまでそれこそ膨大な数の人間たちがその語を用いてきた際の使用の痕跡が、これまた無数に付着していることになる。一度着た洋服に、癖がついてしまうのと同様に。そして、無数の人々が付けた無数の痕跡が刻まれているものが「語」であるとするならば、その「語」を選び、用いた作者のみに、その「語」の意味が委ねられているということなどありえない。むしろ、「テクスト」とは多様な痕跡が無数に刻まれた「多次元の空間」であって、その痕跡は「**そのどれもが起源となることはない**」ということになるわけです。つまりは、

無数の使用の痕跡が刻まれた記号の連鎖によって織り成されるテクストにおいては、その意味を決定するいかなる起源も存在しない。作者ですら、その起源にはなり得ない

ということを言っているのですね。もっと砕けた言い方にしてしまうなら、「**文章から作者**

の意図や思いなんて読み取れないから、そんなこと考えるのヤメ！」ということです。
作者の思いを読み取ることを文学の読解であると思い込んでいる人々にとっては、相当に衝撃的な内容ですよね。けれどもそれだけではありません。このバルトのエッセイ「作者の死」で最も重要な点は、以下の言葉にあるのです。

しかし、この多元性が収斂する場がある。その場とは、これまで述べてきたように、作者ではなく、読者である。

テクストを作者と紐づけ、そこに作者の意図や思いを解読することなど不可能です。しかし、僕たち——すなわち「読者」は、無数の使用の痕跡が刻まれた記号の連鎖としてのテクストから、何かしらの意味を読み取るわけです。そう。川端茅舎の句に、川本茂雄がおもしろい解釈を施したように。

読者の誕生は、「作者」の死によってあがなわれなければならないのだ。

テクストに込められた筆者の意図などわからない。
そこに意味を見出すのは、僕たち一人一人の読者なのだ。

バルトの言葉からは、そうした強いメッセージを読み取ることができるのではないでしょうか。つまり記号論・テクスト論的な読みとは、

読者一人一人が、自らの読みにおいて人が気づかぬような要素に目をつけ、そこに新たな意味を見出していく営み

のことを言うのですね。

本章の冒頭で、記号論・テクスト論について、「ポストモダン思想の典型的な考え方」と紹介したことを思い出してください。ポストモダン思想。再度定義するなら、

西欧哲学や科学へと連綿と受け継がれてきた「理性中心主義」。それを徹底的に批判しようと試みた、20世紀後半以降の思想

ということになります。

では、そうした「理性」を絶対化する考えを批判するポストモダン思想の典型が記号論・テクスト論であるとは、いったいどういうことか。

まず、一つの作品に対して存在する作者は、原則として一人です。しかし、一つの作品に対して存在する読者は、無限です。となると、n人の読者がそれぞれにその作品——いや、テクストを読んだなら、そこにはn通りの解釈が成立すると言えるわけです。

例えば先ほど参照した川端茅舎の句に対する川本茂雄の解釈だって、絶対の正解というわけではない。**何かしら他の要素に着目し、そう解釈することの必然性を立論できるのであれば、自分なりの読み取りを自由に実践してかまわない**わけです。そうすると結果として、記号論・テクスト論的な読みの実践においては、そこに読者一人一人の多様で豊饒な解釈が生成されることになるわけですね。一つとして〝絶対的正解としての読み〟などありえない。まさにこの、唯一絶対の真理（その代表が理性です）を否定し、多様性を重んじるという態度こそ、ポストモダン思想の典型的な考え方であるのです。

ミカエル・リファテールという学者がいます。詩の解釈を記号論的に実践することを提唱した人物です。リファテールの言う詩のモデルやその解釈法が絶対的に正しいとは僕は思いませんが、それでも、非常におもしろい観点を教えてくれます。

リファテールに言わせれば、詩は少なくとも二度読むことを要求するテクストだそうです。一度目は、普通の文として読む。しかしその際、何かしら、普通の文とは言えなさそうな文法的・表現的な逸脱を感じることになる。

そして二度目の読みにおいては、その逸脱に何かしらの意味を解釈することになる――つまりは、文法的・表現的な逸脱を記号表現として、そこに記号内容を読み取る。これが、詩の読解であるというんですね。

はじめて読んだとき、一つ一つ切り離して見ていたために意味を脅かす存在であった障害物が、記号作用への標識であるということ、読者がそれを複雑な網の目の一部と理解できる、さらに高次の体系の深意への鍵であるということは、何度でも強調しておきたい。

（M・リファテール『詩の記号論』斎藤兆史《さいとうよしふみ》訳　勁草書房）

本章の最後に、ほんの軽くではありますが、僕の大好きな詩、吉増剛造「燃えるモーツァルトの手を」を参照しながら、リファテールの言う詩の記号論的読解のちょっとした例をお見せしたいと思います。

燃えるモーツァルトの手を

燃えるモーツァルトの手をみるな
千の緑の耳の千の緑の耳
生活は流星だ！（あるいは生活は悲惨だった……）と
インドから帰ってきた友人が囁いた
傷だらけの緑の耳のこと、ガンジスの黄金の空虚のこと
（悲惨だったか……）

流れる死骸の
素顔に接吻する水の牙！
彼には聞えなかった千の緑の耳の千の緑の耳のことを考える
我々の伝説、我々の聞く物語に偽りが多い
見るな、悲惨な眼で
〈なにも見えない、となぜいわぬ〉
多くの友人よ
悲惨を見るな、輝くイマージュを見るな
燃える海上の道なんて見えない

愛が見えるなんて、星が見えるなんて……
ああ
燃えるモーツァルトの手を見るな
〈ガータをはずして下さい〉
〈もう旅はしませんから〉
決して振りかえってはいけないのだ
千の緑の耳の千の緑の耳の
音という音のなか
音という音のなか
音という音のなか
光が飛沫をあげて回転する
彗星がときに上空を通過する
人間がときにかたわらを通過する
日常の超宇宙性について、巨大な渦巻について、破壊について、創造について
手の手、足の足、風の風、運命の運命をもって
一語、一行で語らしめん
くりかえせ、くりかえせ、くりかえせ……

そして
死の爆発音
眼のなかの血管を死が歩いてゆく
一瞬を追う
そして
また星が飛びちった
空全体が日記帖だ！
ふりかえるな！

（『現代詩文庫41　吉増剛造詩集』思潮社）

通常のテクストとして読むことを明らかに拒むような、文法的・表現的な逸脱に溢《あふ》れた書き方になっていますが、それでも例えば、「傷だらけの緑の耳」「悲惨」「ガンジス」「流れる死骸の／素顔に接吻する水の牙！」「死の爆発音」「眼のなかの血管を死が歩いてゆく」「また星が飛びちった」あたりのフレーズから、一度目の読みで、この詩が死というものを主題としていることはなんとなく理解できますよね。

では、もう少し〝深読み〟してみましょう。

まず、この詩において真っ先に逸脱として感じられるであろうフレーズが、

燃えるモーツァルトの手をみるな
千の緑の耳の千の緑の耳

という冒頭の二行だと思います。「燃える」が「モーツァルト」か「手」にかかる……のはわかりますが、わかったところで、意味がまったくつかめない。しかも、それを「みるな」と言われたところで、何がなんだかわからない。さらに、「緑の耳」とは何なのか、はたまた「千の緑の耳」の「千の緑の耳」とは何なのか……。リファテール的に言うなら、これらはまさに「意味を脅かす存在」としての「障害物」であるわけで、したがって二度目の読みにおいては、ここに「記号作用への標識」すなわち記号表現を見出し、そしてそこに何かしらの「深意」すなわち記号内容を解釈していくことが求められるということになるわけですね。しかも、この二行のフレーズは、その一部が表題にも選ばれ、かつ、詩のなかでも繰り返し用いられている。おそらく、ここには、このテクスト全体を貫く重要な意味が隠されているに違いない……。

燃えるモーツァルトの手をみるな
千の緑の耳の千の緑の耳

しつこいほどの、m音の連呼ですよね。

僕はここに、とある意味を読み取ってみました。つまり、m音の連鎖を記号表現として捉え、そこに記号内容を解釈してみたということです。

m音の子音は、上と下の両方の唇を使って、しかも、かなり密着させて発声する音ですよね。試しに、唇に意識を集中してマ行を発声してみてください。なんだかとても、肉感的な感触がありませんか？　あけすけに言ってしまえば、とてもエロティックです。そしてエロスとは、性であると同時に生であり、さらには創造性をつかさどります。例えば精神分析医のフロイトは、死への欲動をタナトス、そして生への欲動をエロスと呼びました。僕はこの二行に、まさにほとばしる生への欲動を感じるのですね。

しかし、待ってください。

このテクストが全体として死を主題化していることは、先ほど確認しました。

さらに言うならば、「緑の耳」もまた、後に、「傷だらけの緑の耳」と、明らかに死へとつながるイメージの詩句として言い換えられています。つまりは「千の緑の耳の千の緑の耳」というフレーズのなかで死への欲動と生への欲動がせめぎ合っているとも読み取れるわけで、もちろんその相克が、詩全体を貫く通奏低音となっている、そのように解釈することも可能なのではないでしょうか。

もちろん、この読みはあくまで僕の解釈です。「それはおかしい」という意見も当然ありましょうし、あるいは、「こんな読み方もあるのでは？」と思った方も多々いらっしゃると思います。ぜひ、皆さん自身で他の記号的要素をテクスト中に探し、そこに意味を読み込んでみてください。しかるべき根拠さえあるのなら、記号論・テクスト論的な読みは、自由で多様で、そして豊饒なものであるのですから……！

前回、「**第2部～読むことの意味～　3章 文学理論を知る意味1**」では、「中心と周縁」理論や「貴種流離譚」、あるいはウラジミール・プロップの理論などに触れながら、文学理論が「古今東西の人類に普遍的に見られる認識のありかた」を教えてくれる可能性について言及しました。そして今回は、逆に、読みの多様性につながる文学理論を紹介したわけです。

普遍性と多様性。

おもしろいほどの対照性を確認することができましたね。

5・文学理論を知る意味 3

脱構築批評

前回のテーマは、記号論・テクスト論でした。今回は、それと極めて近い関係にある「脱構築批評」、なかでも「差延」という考え方について、その概要とそれがテクストの読みにおいて持つ実践的な意義とをお話ししたいと思います。

前回、記号論・テクスト論について、西欧哲学の理性中心主義をラディカルに批判する「ポストモダン思想の典型」であると述べました。となると、それらと「極めて近い関係」にある「脱構築批評」もまた、ポストモダン思想を代表する考え方であるということになります。

鍵となる哲学者は、ジャック・デリダ。

ならば脱構築批評を理解するためには、デリダの本を読めばいい……となるのですが、とはいえこのデリダの本、どれもこれも難解なんていうレベルではない。正直に告白すると、僕も、全然読めていません。ここでは、大学の授業や入門書、あるいは脱構築批評を駆使する評論家などの著作を読むことを通じ、この約四半世紀をかけてなんとか自分なりに咀嚼《そしゃく》してきた内容を、言葉にしてみたいと思います。

まず、文学理論の入門書は、しばしば脱構築を、〈**二項対立崩し**〉といった表現を用いて解説します。上下関係を伴うような、例えば〈真／偽〉、〈正義／悪〉、〈文明／野蛮〉などの対立関係について、そうした認識が機能不全に陥るまで、理詰めで徹底的に批判する。もう少しだけ詳しく言うと、その二項対立やそれを前提とする考え方をあえて徹底することで、逆にその二項対立を解体してしまう方法……と言っても、あまりイメージは湧きませんよね。そうですね、例えば……。

主体的であれ!

などというメッセージがあったとします。このメッセージは、

〈主体的＝善／受動的＝悪〉

という二項対立を前提として成り立っていますよね。そのうえで、人は後者（＝受動的）ではなく、前者（＝主体的）であるべきことを説いている。

でも、このメッセージ、よくよく考えるとちょっとおかしくありませんか？

メッセージ自体は「主体的」であるべきことを説いているわけですが、もし、そのメッセージを「確かに、そうだ！」と受け入れてしまえば、それは、誰かの考えを鵜呑みにしてしまっているという点で、「受動的」な態度ということになってしまうのですから。

これは困った。

メッセージ通りに「主体的」であろうとすればするほど、それは「受動的」であることの証明となってしまう。つまり、どれほど「主体的」に行動したつもりでも、そこに「主体性」は、少なくとも純然たるものとしては現れてはこない……。

ここに、〈主体的／受動的〉という二項対立は、機能不全に陥ってしまうわけです。他ならぬ、この「主体的であれ！」というメッセージへの応答、そしてその理念の遂行によって。

これが先程触れた、「その二項対立やそれを前提とする考え方をあえて徹底することで、逆にその二項対立を解体してしまう」という、脱構築批評の典型例ということになります。

さて、ここで話題にした〝上下関係を前提とする二項対立〟は、しばしばより一般化され、〈現前性／非在〉などと説明されます。ちょっと小難しい言い方ですが、**〝上の項にはきちんと現れているプラスの性質が、下の項には欠けている〟**程度に理解しておけば大丈夫です。例えば〈主体的／受動的〉という対立は、〈主体性という素晴らしい性質がきちんと現れているのが上の項、それが欠けているのが下の項〉となるわけです。

脱構築批評の説明では、しばしば、音声中心主義という概念が紹介されます。これは、西欧の哲学や思想において、〈声として発せられた言葉＝純粋／文字として書かれた言葉＝不純〉という二項対立的認識に基づいて、前者を重んじる傾向のあることを指す概念です。

なぜ、声として発せられた言葉が純粋なのか。

それは、それが文字という媒介を経ずに、直接的に頭のなかに現れる＝現前するからです。よって、〈声として発せられた言葉＝純粋／文字として書かれた言葉＝不純〉、と。

しかしながら脱構築批評は、そうした考え方に疑義を呈します。例えば、

言葉が言葉として機能し得る大前提は、その言葉が反復されて用いられることである。その時一回限りしか使えない言葉など、この世には存在しないのだ。「犬」という言葉は、これまでに存在した、そして今存在する、そしてこれから存在しうる全ての犬を指すことができるからこそ、言葉として用いることができるのである。となると、仮に声として発せられた言葉が脳内に直接的に現前したものであろうとも、その言葉は過去に数え切れないほど反復して使用されたものであり、その意味で、純粋なものでなどあり得ない。つまり、〈純粋／不純〉という観点から文字で書かれた言葉を下に見るという音声中心主義それ自身の論理によって、声として発された言葉の特権性は否定されてしまうのである。

などというように（これまで学んできた様々な本や講義の内容を小池なりにまとめた解釈のため、すみません、出典は記せません）。

〈声として発せられた言葉＝純粋／文字として書かれた言葉＝不純〉という二項対立において、純粋性という価値あるものを現前させているはずの上の項に、その非在であるところの不純性が刻まれてしまっている。つまり、声として発声された言葉に純粋性という価値が完全に現前することは、決してあり得ない。要するに、

現前性には、その対極であるはずの非在が、常に刻まれている。

ということになるわけです。ややこしい解説が続いてしまいましたが、なんとかイメージはつかめたでしょうか。典型的な脱構築批評とは、このように、上位の項に上位の理念の非在を見出し、〈上位／下位〉の二項対立を成立不能に追い込む営みのことを言うのですね。

ただ、こうした説明をすることには、ちょっとした不安も伴います。

もちろん、脱構築批評に対する僕の無理解や誤解なども怖いのですが、それ以上に、話をこのように単純化してしまうことによって、皆さんにこんな感想を持たれてしまうかもしれないことが恐ろしい。すなわち、

「なんだ。脱構築批評って、要するに重箱の隅を突っつきまくって、揚げ足取りをするようなものなのね」

という誤解です。

確かに、脱構築批評は、その思想の上澄みだけを悪用してしまうと、そうした揚げ足取りに堕してしまう危険性がある。

けれども、これだけは声を大にして言いたいのですが、脱構築批評は、決して、そんなケチくさい考え方ではありません。

例えば、ここまでの章でも何度も触れてきた、西欧哲学における理性中心主義。

デカルトの時代、すなわちいまだ神の権威やそれを利用する権力が人々の可能性や人権を抑圧していた時代、あるいは人間に対する自然の猛威が激しかった時代、人間の理性に着目し、そこに新たな価値を見出していくことには、大きな意義があったことでしょう。人間理性への信頼がなければ、おそらく、市民社会や民主主義という理念は（再）登場しなかったはずですし、もし（再）登場したとしても、誰にも支持されずにすぐに歴史の舞台から退場してしまったことと思います。

理性への着目は、確かに、人類を次のステージへと導いた。

しかもその意義は、おそらく今でも、失われているわけではない。

……それは確かにそうなのですが、しかし、理性中心主義に看過することのできない問題点もあることに関しては、「**第1部～読むための方法～　3章 読むことと知識③**」でも触れたはずです。

そもそも、何かを中心に据えるということは、その何か以外のものを、中心的な領域から追いやるということです。その証拠に、近代の理性中心主義は、理性や精神に対比される身体というものを下に見た。

理性、精神に特権性を与え、結果として身体を軽視する。

お気づきでしょうか。

ここに、〈精神／身体〉という二項対立が生じていることを。

脱構築批評は、例えば、こうした思考の枠組みに揺さぶりをかけようとするわけですね。

それはつまり、西欧の思想体系それ自体を根本から問い直す実践であり、あるいは、何かを下位の存在へと排除しようとする構造それ自体を不断にずらしていく営みである。もしくは、何かを中心に据えることで何かを排除するという暴力の連鎖を、なんとかして断ち切ろうというアクチュアルな実践である。

そう。

まさに、アクチュアルな実践なんです。

理性中心主義を軸として構築された二項対立に、〈文明／野蛮〉という考え方があります。まさに、〈文明＝理性の現前した社会〉と捉え、理性の非在としての〈野蛮〉を劣ったものとして抑圧するという構造です。

これは、決して観念論などではありません。

実際に、近代、そして現代の世界で猛威を振るった、あるいはいまだ振るっている、極めて現実的な暴力なのです。その典型が、植民地主義《コロニアリズム》ですね。

自国の経済的、あるいは防衛上の理由から、他の地域を簒奪《さんだつ》し、支配し、そして搾取する。それが植民地やそこに生きる人々へどのような負の影響を及ぼすか、ここに多くを語る余裕はありませんが、例えば、フランツ・ファノンという精神科医の著した『黒い皮膚・白い仮面』(みすず書房)という本には、植民地支配下における被支配者の人々がどのような精神状態に陥ってしまうのかについて、凄まじい筆致で描かれています。かなり難解な本なので、まずは小野正嗣「NHK 100分de名著　フランツ・ファノン『黒い皮膚・白い仮面』」(NHK出版)などから入るとよいかもしれません。

ちなみに、今、植民地主義について、その「猛威」を「いまだ振るっている」と述べましたが、もちろん、目に見える形での植民地主義は、20世紀の半ばで終焉を迎えています。けれども、それが与えた負の影響は、いまだ生々しく元植民地の国々や人々を傷つけている。こうした、植民地主義の終焉後もそれが振るい続ける暴力について研究していく学問を、**ポストコロニ**

アル批評と呼びます。興味のある方は、アーニャ・ルーンバ『ポストコロニアル理論入門』（松柏社）をぜひ読んでみてください。僕が知るなかでは、間違いなく最良の入門書です。決して平易とは言えませんが、とても誠実な書き方の本です。

実は、植民地主義については、それを実践する支配者の国＝宗主国の内でも、あまりの非人道性を指摘する声があったと言います。当然ですよね。自分たちの利益のために、他者の土地を奪い、不当に搾取するわけですから。当然、奴隷制などの暴力も絡んでくる。

けれども、その不正義に気づきながらも、宗主国は、なかなか植民地主義から足を洗うことができない。

なぜか。

それはもはや、植民地を抜きにして自国の経済を維持することができなくなってしまっていたからです。

悪いこととわかっていながらも、それを止めることができない。

そうした時、人はしばしば、自己を正当化する理屈をでっち上げます。合理化と呼ばれる心の働きですね。そして、植民地主義を正当化する論理として唱えられたのが、例えば

> **自分たちは理性を体現した文明側の人間である。逆に植民地の原住民は、いまだ理性を体現できていない、未開の段階にある。自分たちには、文明を体現した人間として、未**

開の段階にある植民地の人間たちを理性的な存在へと啓蒙する必要がある。そのためには、植民地主義もやむを得ない施策である。

などという言説であったわけです。ここに、〈文明…理性の現前／野蛮…理性の非在〉という二項対立的認識が、はっきりと認められるはずです。こうした枠組みに基づいて、西欧列強は植民地主義という悪を正当化し、そして後には、遅れて世界史の舞台に登場した日本もまた、それに追従した。そこで振るわれた、いや、いまだなお振るわれている暴力……。

以上のような背景を説明するならば、〈現前性／非在〉という二項対立を崩そうという脱構築批評が、単なる「揚げ足取り」の屁理屈だ、などという誤解は解消されるのではないでしょうか。

もちろん、脱構築批評が射程とする二項対立は、〈精神／身体〉や〈文明／野蛮〉などだけではありません。あらゆる二項対立は、上下関係を生成する。すなわち、上の項に現前する理念が下の項には非在であるとして、下の項を抑圧・排除する。それはすなわち、暴力である。であるならば、あらゆる二項対立は、徹底的に機能不全へと追い込まれねばならない……。それが、20世紀後半以降のポストモダン思想を象徴する脱構築批評であるのです。

ここで、本章でいちばんお伝えしたかった、「差延」という概念について説明したいと思います。

繰り返しますが、脱構築批評の射程とする二項対立は、

上の項＝理念χが現前したもの／下の項＝理念χが非在であるもの

という思考の枠組みです。そして典型的な脱構築批評は、こうした二項対立を機能不全に陥れるために、その上の項にも、理念χの非在が見出されるという点に着目します。卑近な言い方をしてしまえば、「上の項、○○っていう理念が現前しているとか言っちゃってるけど、そうでもないじゃん！」ということです。例えば、何度も繰り返しますが、「主体的であれ！」という言説はどうでしたでしょうか。そこに前提とされている〈主体的／受動的〉という二項対立においては、「主体的」という項に現前しているはずの「主体性」という理念が、実は純粋には現前していない。そこには「主体性」の非在であるところの「受動性」が刻印されてしまっている……。

前回考察した記号論の考え方を参照してみましょう。

記号論における記号とは、

意味する側＝記号表現　＋　意味される側＝記号内容

という組み合わせのことを言いました。この発想と紐付けて考えるなら、〈主体的／受動的〉という二項対立における「主体的」という語は、

主体的という文字・声＝記号表現 ＋ 主体性という理念の現れた状態＝記号内容

という一つの記号として認識することができます。となると、〝「主体的」という語に現前しているはずの「主体性」が、純粋なものとしては現前していない〟という脱構築的な指摘は、以下のように一般化して言い換えることができるのではないでしょうか。すなわち、

何らかの記号表現に現前すべきはずの記号内容は、その実、純粋なものとしては決して現前し得ない。常に何かしらの要因によって、その純粋な現前は妨げられているのだ。

と。

ここで再度、ソシュール言語学を確認する必要が出てきました。

以上に述べてきたことは要するに，言語には差異しかない，ということに帰する．（中略）言語がふくむのは，言語体系に先立って存在するような観念でも音でもなくて，ただこの体系から生じる概念的差異と音的差異とだけである．

（フェルディナン・ド・ソシュール『一般言語学講義』小林英夫訳　岩波書店　※原文は横書き、傍線は原文通り）

ソシュール言語学が現代思想に与えた最も大きな影響は、おそらく、この「差異」という考え方です。では、それはいったいどのような概念で、どのように機能するのか。

例えば、黒と白、二色にしか色を区別しない言語があったとします。

その際、「黒」という記号表現が表すことのできる色の範囲（＝記号内容）は、どのようにして決定されるのでしょうか。

それは、「白」という記号と比べた際に、その「白」という記号が表すことのできる範囲以外の範囲、と定義されることになります。

逆に、「白」という記号表現が表すことのできる色の範囲（＝記号内容）もまた、「黒」という記号と比べた際に、その「黒」という記号が表すことのできる範囲以外の範囲、と定義されることになります。

すなわち、「黒」という記号表現も「白」という記号表現も、それ自体で自らの表す色の範囲を決めることはできない、常に自分以外の記号との関係のなかで決定されることになる、ということですね。要するに、一つの記号の守備範囲は、他の記号との関係性のなかで、自らを取り巻く他の記号との違い――つまり「差異」として見出されるというわけです。

仮に、この文化圏に「赤」という記号が誕生したとしましょう。とすると、どうなるか。

当然、「黒」は、「白」や「赤」と比較して「白」や「赤」ではない範囲を受け持つことになります。もちろん「白」は、「黒」や「赤」と比較して「黒」や「赤」ではない範囲を受け持つ、と。こうした状況を想定すると、一つの記号の意味する範囲は、それを取り巻く他の記号との関係性いかんによって、変動するものであることもわかります。「赤」の登場によって、「黒」も「白」も、自らの意味できる範囲が狭くなってしまったわけですからね。

言語学者の丸山圭三郎は、そうした考え方を、以下のように説明します。

ラングを構成する諸要素は、その共存それ自体によって相互に価値を決定しあっている。価値は対立から生じ、関係の網の目に生れる。この体系において「存在する」ということは、「関係づけられて在る」ということの同義語にほかならない。個々の語はあくまでも全体に依存しており、その大きさはその語を取巻く他の語によってしか決定されない。

(丸山圭三郎『ソシュールの思想』岩波書店)

一つの語は、「その語を取巻く他の語」との「関係の網の目」のなかで、「価値」すなわちその語が受け持つ意味を持つことになる――まさに、語の意味は、他の語群との関係性のなかで、他の語群との「差異」として画定される――ということですね。そしてそれは、角度を変えて言い換えれば、

「差異」とは、語の意味を支える決定的な要因である

ということでもあります。

再度、〈主体的／受動的〉という二項対立で考えてみましょう。

この二項対立において、「主体的」という語の受け持つ意味の範囲は、「受動的」という語の受け持つ意味の範囲以外の範囲、として把握されます。つまり二項対立とは、記号の意味を支える「差異」の、ミニマムのものであるわけですね。

しかし、そうした「差異」を前提としているのに、「主体的」という語が持つはずの、〝「主体性」という理念の現れた状態〟という意味、すなわち記号内容は、純粋に現前していたか。何度も確認したように、それは、していなかったわけですよね。つまり、ここに生じている事態は、

「差異」を前提にしながら、その記号表現に現前しているはずの記号内容が、完全なものとしては現前していない

ということであるのです。

記号の意味を支える「差異」は機能しながら、ところがその意味は、いまだそこには完全には現れていない、すなわち、純粋な現前は延期・遅延されている……！

これはもちろん、ここに紹介した「主体的」という語についてのみあてはまるものではありません。あらゆる語、すべての記号における、根源的な性質でもあるのです。

その記号における意味の画定は、他の記号との「差異」を前提とする。しかしその意味の完全なる現前は、常に延期・遅延されている——もちろんそうした意味生成のメカニズムに与えられた名前こそが、脱構築批評におけるキーワード、「差延」ということになります（——と、僕は解釈しています）。「差異」と「遅延」とを組み合わせた概念ですね。

ジョナサン・カラーという文学研究者は、その著書『ディコンストラクションⅡ』（岩波書店）の「4 制度と逆転」で、フロイトの考察を援用しながら、この「差延」について解説しています。ただ、ここに紹介されるフロイトの研究報告はかなりショッキングな内容なので、今回は、それと似たような事例を僕のほうで考えてみました。

ここに一人の幼子がいたとしましょう。

まだ1才半くらいで、言葉もほとんど扱えない、そのくらいの子どもです。そんな子が、例えば、隣で遊んでいたもう少し大きな友だちに、ビニール製のやわらかなブロックのオモチャで叩かれたとしましょう。ですが、もちろん痛くはない。そして重要なのは、その1才半の子は、叩くという行為(=記号表現)の持つ意味(=記号内容)を、まったく理解していないということ。つまり、自分がその子にいじめられたということが、わからない。だから、ただただきょとんとするばかり……。

ところが、時を経て数年後、その子が、ビニール製のやわらかなブロックを見て、急に怖がって泣き出したとしましょう。自分でも、なんで怖いのかわからない。でも、とにかく怖い。涙が出てくる。

もちろんこれは、その成長のなかで、人が物で他人を叩くということの意味を知ったことによって可能となった反応であるはずです。つまり、ビニール製のブロックを見て怖くて泣いたのは、かつて心に刻まれた〈物で人を叩く〉という記号表現に、〈いじめ〉という記号内容が現前したから、ということになる。だからこそ、それを連想させるそのブロックを見て恐怖を覚える。

ここにすでに、「差延」のメカニズムが働いていることを確認できます。すなわち、〈ブロックで叩かれる〉という記号表現は、長らく、それが何を意味するのかわからない、つまりは記号内容を持たない、いわば空っぽの容器でした。ところが、経験のなかで、そこには〈いじめられた〉という記号内容が、まさに遅延して現前したことになる……。

ただし、ここに想定する事例においては、そのブロックを見て恐怖を感じる理由を、本人は自覚していません。〈物で人を叩くこと＝いじめ〉ということはすでに理解しているけれども、今自分が目の前にするブロックが、かつて友だちが自分を叩いた道具であるということは忘れてしまっているわけです。しかしながらそれを見て怖がるということは、その記憶は、たとえ意識下になくとも、無意識のどこかにしかと刻まれているはずですよね。つまりはこれが、心的外傷＝トラウマというものであるわけです。〈ブロックで叩かれる〉という空っぽだった記号表現に、〈いじめられた〉という記号内容が「差延」のメカニズムのなかで現前し、それが無意識のなかで、トラウマとして働くことになる。

「ここに私たちが見るのは、ある出来事の記憶が、それが経験されたときにはかきたてなかった情動をかきたてる例である。思春期に起因する変化が、その間に、想起されることに対して異なった理解をすることを可能にしたのである。……記憶は遅延行為によってのみ外傷となり、抑圧されるのである」と、フロイトは述べている（『科学的心理学草稿』）。

（J・カラー『ディコンストラクション Ⅱ』富山太佳夫／折島正司訳 岩波書店）

しかし、となると、そこにはもう一つ、「差延」の働きを見ることができるのではないでしょうか。

トラウマとしての〈ブロックで叩かれた経験＝いじめられた経験〉という記号は、確かに目の前のブロックを見ることによって刺激され、その結果、その子に恐怖を与えて泣かせる、という影響を及ぼしています。しかしながら本人は、少なくとも意識の次元では、目の前のブロックがなぜ怖いのか、理解できていない。つまり、そのブロックという記号表現には、〈かつてのいじめられた記憶〉という記号内容が、いまだ現れていない――すなわち、その現前は遅延されている――。カラーは、心的外傷におけるこうした「差延」のメカニズムを説明するデリダの言葉を引用しています。

「無意識のテクストは（中略）意味内容の現前性がつねに遅延によって、事後的に（中略）、遅ればせに（中略）再構成されるような、意味の貯蔵庫なのである」（『エクリチュールと差異』）。

そして、その「現前性」の「遅延」は、ブロックの例においては、一度で終わってはいない。つまり、「差延」は一度で完了し、そこに記号内容が十全に現前したわけではない。

一つの「差延」の力学が〝完結〟したと思っても、換言すれば、その記号表現に何かしらの記号内容がやっと現前したと思える瞬間が来たとしても、そこにはすでに、また新たな「差延」が始まっているということ。

つまり、「差延」は決して、終わることのない運動性であるということ。

脱構築は差延に住まわれたたえず自己を脱構築する運動である。いかなるテクストも完全に脱構築したり、されたりすることはない。

（ガヤトリ・C．スピヴァク『デリダ論　『グラマトロジーについて』英訳版序文』田尻芳樹訳　平凡社ライブラリー）

「差延」によって引き起こされる脱構築は、決して完遂されることはない――という指摘は、すなわち、「差延」は永久に続いてゆく、ということと同義ですよね。

これが、文学やテクストの読みにおいて持つ意義とは何か。

たとえテクストに一つの「意味」が解釈されたと思っても、その「意味」は、決して完全なるものとしてそこに現前しているわけではない。その純粋な現前は、ひとまず、未来へと遅延されているわけです。もちろん、未来の一時点において、遅ればせに、新たな「意味」は現れるでしょう。しかしながらまた同様に、その新たな「意味」もまた、不完全にしか現前していない。すなわち、「差延」は永遠に終わることはない……。

このような事態は、読みという営みにおいて、はたして悲観すべきことでしょうか。ポストモダン思想の論者たちは、それに対して、否と答えるでしょう。

なぜなら、**テクストに完全な「意味」が現れることはない**、とするならば、それは言い換えれば、そこには**無限の意味内容が生成される可能性がある**ということになるわけですから。「差延」というメカニズムがあればこそ、テクストは豊饒な意味産出の場として機能し続ける。

そしてそれはもちろん、何かしらの意味や価値を固定し、そうでないものを抑圧・排除する、すなわち〈現前性／非在〉の暴力を、不断にずらしていくポジティブな戦略ともなるのです。

6・文学理論を知る意味 4

言説の暴力

記号の意味は差異を前提として把握されるが、しかしながら、意味はそこに完全に現れることはない。その現れは、常に遅延されているのだ――前回は、「差延」という考え方についての僕なりの解釈を紹介しました。そして、それが文学やテクストの読みに豊穣性をもたらし、かつ、〈現前性／非在〉というような暴力的な二項対立を機能不全に陥れる、ということも。

記号とは記号表現と記号内容の組み合わせである。

しかし、そこに純然たる記号内容が現前することはない。

記号の持つこのような性質は、すなわち、〝記号表現と記号内容との間には、永遠に埋められないギャップがある〟ということを意味していますよね。

けれども、どうでしょうか。

しばしば僕たちは、そのようなギャップを問題とせず、何かしらの〈記号表現＝意味する側〉に、何かしらの〈記号内容＝意味される側〉そのままの姿が現前していると素朴に信じてしまってはいないでしょうか。

本書を執筆している最中、数々の大記録を打ち立てた大相撲の力士、白鵬の引退がニュースとなりました。説明の必要もないかもしれませんが、モンゴルはウランバートル出身の、大横綱です。

さて、この白鵬の引退をめぐって、たくさんの記事や、あるいはその記事に対する数多くのコメントが、ネットに投稿されたり書き込まれたりしました。そしてその際、そこにはちょっと気になる言い方、言い回しが少なからず見られたのです。それは、肯定的な含みであれ否定的な含みであれ、白鵬を「モンゴル人力士」として——すなわち、「日本人力士」と対照する形でカテゴライズする言い方です。

確かに彼はモンゴルの出身ですが、2019年に日本に帰化して日本国籍を取得しており、白鵬翔《しょう》という本名も持っています。

つまり、国籍上は「日本人」であるはずなんです。

ところが、そのことは相撲ファンの間では周知の事実であったにもかかわらず、決して少ないとは言えない数の人たちが、白鵬のことを「モンゴル人力士」と表現する。しかも、例えば「彼に勝てなかった日本人力士が情けない」とか、あるいは「日本人力士の奮闘を望む」などといった語りにおいて。

こうした言い方=言説は、〝日本国籍の所有は、日本人であることの証明にはならない〟という認識を前提として、初めて成り立つものですよね。

では、そのような認識を持つ人々にとって、「日本人」とはいったい誰のことなのか。「日本人とは日本民族のことである」。おそらくは、そう答える人もいるでしょう。それならば、「日本民族」とは誰のことか。そもそも、民族とはどのような概念か。『精選版　日本国語大辞典』には、

同じ文化を共有し、生活様態を一にする人間集団。起源・文化的伝統・歴史をともにすると信ずることから強い連帯感をもつ。形質を主とする人種とは別。

と説明されています。なるほど。となると「日本民族」とは、〝日本語や日本文化、日本の風習などを共有する集団〟などと定義されることになります。

しかし、です。

それならば、仮に外国籍であったとしても、日本語や日本文化、日本の風習を共有していれば、その人は「日本民族」すなわち「日本人」ということになるはずです。すると、例えば日本に住む在日外国人の方々も、以上の条件を満たしていれば「日本人」ということになる。

右に引用した定義には、「形質を主とする人種とは別」という解説がありました。

形質、すなわち髪の色や質、皮膚や目の色、体つき、などの、主として見た目の上での違

いに着目した区分である「人種」という概念。『精選版　日本国語大辞典』では、それを民族とは「別」としているわけですが、わざわざこうしたことを言わねばならぬということは、逆説的に、「民族」と「人種」を混同する人々が多いことを示唆していますよね。ここから、いわゆる典型的（という言い方は極めて危険な表現だと思うのですが、あえて使います）な日本人の見た目を有しているか否かという点から、「日本人」と「非日本人」を分ける、という考え方も出てくる。**〈〝典型的な日本人の見た目〟を有している人間＝日本民族＝日本人〉**、という見方ですね。

では、以下のような事例は、どのように判断されるでしょうか。

見た目は〝典型的な日本人〟。しかも、日本国籍を有している。けれども、日本語も話せず、日本文化や歴史をまったく、あるいはほとんど共有していない場合。

逆に、日本語に堪能で日本の文化や歴史に通じており、なおかつ日本国籍を有しているけれども、見た目は〝典型的な日本人〟ではない場合。

これらのケース、さほど珍しくないですよね。本書をお読みいただいている方のなかにも、後者のケースに該当する方はいらっしゃるかと思います。

結論を言ってしまえば、何をもって「日本人」とするか、その定義は錯綜しており、決して自明のものではないということです。

言い換えれば、こうなります。

「日本人」という記号表現に現前すべき記号内容が、いったいどのようなものなのか、実はよくわからない。記号表現と記号内容とが対応していない——というより、むしろ、〈意味する側＝記号表現〉によって表されているはずの〈意味される側＝記号内容〉が、実体としては極めて不確定で曖昧なもの、下手をしたら、確定的観念としてはこの世に存在し得ないものであるという可能性すら否定できない。

ところが、僕たちは普通、そのようなことは気にしません。

あたかも「日本人」なる実体が確固たるものとして存在しているかのように信じ切ってしまっている。「日本人」という記号表現には、なんの問題もなく、「日本人」という記号内容が現前していると思い込んでいる。でなければ、日本に帰化した白鵬を「日本人力士」ではない者としての「モンゴル人力士」と表象することなど、ありえないでしょう。あるいは、海外に移住し、その国に国籍を移した〝日本にルーツを持つ人〟がノーベル賞を受賞した際、「同じ日本人として嬉しい！」などと発言することも。

主権国家という概念はご存じでしょうか。

主権、すなわちその国のことを決定する最高の権力が、その国家の内側に独占されているような形態の国家ですね。そしてその主権の及ぶ範囲が領土です。つまり主権国家とは、確定された領土を持ち、その領土内における主権を独占する——というのはすなわち、諸外国とか超越的な権力に干渉されることがない、そうした国家を言うわけです。ヨーロッパが近代へと向かうなかで徐々に構築されていき、最初は特権階級が独占していた主権（そうした国家の典型が、絶対王政です）が、市民革命などを経て、国民の手に移っていくことになる。これがいわゆる、近代以降の国家の基本となる国民国家であり、そして現代もまた、世界の秩序は国民国家をユニットとするネットワークとして想定されています。

以上を踏まえると、国民国家の典型的なモデルは、まずは、

・**確定された領土（含む、領海・領空）を持つ**

・**主権が国民に存在する**

と定義されることになります。しかし、では、その「国民」とは誰のことか。主権の所有者とみなされるところの「国民」とは、いったいどのような存在を言うのか。

そこには、様々な考え方があります。もちろん、その時代や地域ごとの相違もあるでしょう。けれども、少なくともかつて、例えば19世紀以降この国民国家というシステムが欧州全体や世界へと広まっていくなかで、最も典型的にイメージされた国民という概念は、

同じ言語を共有する、まとまりを持った一つの集団

というものでした。つまりは、先ほど引用した「民族」の定義とほぼ重なるものであったわけですね。要するに、一つの言語を共有していれば一つの民族として認定され、その集団は、独立国家を持つ権利を有することになる。そして、晴れて独立国家を樹立したその民族は、その国家の国民ということになる――わかりやすく言えば、〝一言語一民族一国家〟主義とまとめることができます。実際、例えば〈X言語〉の方言に過ぎない〈X－a言語〉の使用者たちが、「自分たちの使っている〈X－a言語〉は、〈X－b言語〉や〈X－c言語〉とは異なる独立した言語だ。つまり自分たちは、独立した一つの言語を有している一つの民族なのだから、自民族を国民とする国民国家を樹立する権利を有している！」と主張する、などということが、多くあったらしい。

しかしながら、この、〝一言語一民族（＝一国民）一国家〟というロジックは、無視することのできないジレンマを抱えていました。

それは、自民族として認識すべき集団の言語は、決して均質なものではなかった、という現実です。例えば数多くの方言――日本を例に出すなら、江戸時代までの日本語の方言の差異は、かなり激しかったとのことです。方言間の通訳がいたなどという話も聞いたことがあります――が存在したり、あるいは、実際には、自分たちの領土内に、自分たちとは異なる言語を用いるマイノリティ集団が多く存在したりする。

国民国家を構築するうえで、国家権力にとってこの状況は非常にまずいわけです。

なぜなら、独立した国家を持つための〝一つの言語を共有する、一つの民族集団としてのまとまり〟という条件を満たすことができないのですから。

そこで、多くの近代国民国家は、実際は多様で多元的な存在であった人々の集団を、均質的な民族集団へとまとめあげていく必要に迫られる。いわゆる、国民統合という施策です。

では、どのようにしてそれを実現するか。

その集団を一つの民族とする条件の最大のものが言語の共有であったわけですから、国民の統合は、当然、「これがうちの国家の公的な言語です」という言語、すなわち標準語・国語の使用を人々に奨励――いや、強制することによってなされる、ということになりますよね。

例えば、メディアを通じて。

あるいは、学校教育を通じて。

もともとは多種多様な言語や文化を有していた人々は、こうして、一つの言語を共有する一つの民族として統合され、それにより、独立した国家を有する国民として誕生し直すことになる。

これは逆に言えば、民族や国民という存在は、自然発生的にそこにあったものではなく、権力によって、意図的に作られたものである、ということですよね。ベネディクト・アンダーソン『増補 想像の共同体――ナショナリズムの起源と流行』白石さや・白石隆訳（NTT出版）という本がそうしたことを詳細に論じて以来、今ではほぼ常識となった考え方です。

明治以降、近代国家の創設に躍起になった日本においても、言語政策を通じた国民統合は喫緊の課題とされました。しかしながら、逆に言えばそれは、この列島に存在した多様な言語集団の言語――方言レベルのみならず、アイヌ語などのマイノリティの言語を、正統ではない言語として、文字通り抑圧・排除することを意味しました。脱構築批評的に言うなら、まさに、〈国語／非国語〉という二項対立が構築され、そして前者が後者を虐げるという暴力が展開されたということになります。

本然的にそこにはなかったはずの民族や国民という概念を人為的、暴力的に構築し、あたかも自明であるかのようにイメージさせる。

つまり国民という概念は、その最初期においてすでに、種々の矛盾を孕《はら》んでいたわけです。そしてその矛盾は、国家が帝国として膨張していくなかで、さらに激しいものとなっていく。なぜなら、新たな領土として併合された地域には、当然、日本語とはまったく異なる言語を用い、違う文化や風習を持つ人々が住んでいるわけですが、日本に併合後は、そうした人々もまた、日本の国民として編成されていくことになるからです。そうなると、国民集団の前提であったはずの民族的均質性はますます維持できなくなり、しかしながらそれではまずいので、権力は、あの手この手でその多元的ありようを屁理屈で正当化しようとする……。このあたりのことについては、小熊英二『単一民族神話の起源——「日本人」の自画像の系譜』（新曜社）に詳しいので、興味ある方はぜひチャレンジしてみてください。かなり重厚な本ですが、いたずらに難解というわけではないので、じっくり取り組めば読めると思います。

本来的には、国民という概念が意味するはずの一枚岩的な民族集団・国民集団など、一度も存在したことはなかった。

要するに、記号表現と記号内容の乖離、あるいは記号内容の非在は、国民という記号の誕生時から、その本質としてすでに始まっていたわけです。

国民。

それが何を意味するのかわからないままに、しかも、その存在を当たり前のこととして疑わない、あるいは、疑えないものとして共有されねばならない……。

となると、権力の側から言えば、国民という空虚な記号の脆弱さを、なんとかしてごまかす必要がある。あらゆる手段を尽くして、それがまるで確固たる実体として存在するかのようなイメージを、人々に植え付ける必要がある。

そこで例えば強力な武器となるのが、文学——いや、国文学という制度だったのですね。

民族の紐帯《ちゅうたい》である国語によって書かれた、文学作品。

国民文学などという言い方もありますが、そうした作品を皆で共有しているという意識を醸成することができれば、国語を軸とした国民の統合を、強化することができる。

これは何も、いわゆる戦時下の国策文学などに限った話ではありません。

例えば、誰もが知っている――そう、日本の国民であれば誰もが知っている作家や作品というものを作り出すことができれば、そこに、〝国語で書かれた国文学を自分たちの文化として共有する日本民族＝日本国民という存在〟を、幻視しやすくなる。

国民的作品。

国民的作家。

そうした言い回しは、ごく普通に使われますよね。けれどもその人にその意図があろうとなかろうと、それらの言葉の使用は、結果として、国民統合という権力のプロジェクトに与《くみ》することにつながる。そのことには、やはり自覚的でありたい。

皆さんも、高校の国語の授業で文学を扱う割合が減るかもしれない、という話題を耳にしたことがあるのではないでしょうか。

昨今の教育改革の一環として、そうした流れがあることは確かです。

僕自身は、文学というものの存在意義、あるいは、高校生という多感な年頃に文学と出会うことの意味をものすごく大切に考えていますので、国語科教育における文学教育の軽視には、全力で反対したい。

けれども、同じく文学の軽視を批判する言説のなかに、「我が国の誇る文学作品を教科書から削るなど、けしからん！」といった類のものを目にしたとき、僕は、「文学の擁護については、細心の注意を払わなければいけないな」と感じました。文学、わけてもこれまで国民文学などと形容されてきた文豪の有名作品などの擁護は、そのまま、権力による国民統合の論理に回収されてしまう危険性が高いのです。

国民統合の論理に回収されてしまう危険性？
その何が危険なの？

そう思った方もいらっしゃるかもしれません。
けれども、それはやはり、危険な思想なんです。
まず、繰り返しますが、国語による国民の統合という政策には、不可避的に、方言やマイノリティの言語などの抑圧・排除という暴力が伴います。これだけでも十分に危険なことであると言えるでしょう。以下の引用をお読みください。

沖縄の「標準語」は、明治時代になって沖縄が国家としての近代日本に組み込まれて後、強いられて獲得した〝ことば〟であった。もちろん沖縄が近代化するためには、その言葉の獲得は避けられなかったから、人々はそれを自らのものにする為に懸命に努力を重ねた。

だから、現在のように一般化したのだが、その間人々は長期にわたって、伝統的な言葉「沖縄語（ウチナー口）」と「標準語」という言葉の二重構造に悩まされることになった。

（岡本恵徳「沖縄になぜ詩人が多い――「寡黙」と「吃音」と」『「沖縄」に生きる思想』未来社）

筆者は、「『沖縄語（ウチナー口《ぐち》）』では陽気で饒舌な人々も、『標準語』の支配する世界では次第に沈黙に追いやられる」と述べたうえで、そこに「『標準語』に納まりきれない数々の深い思い」あるいは「切なる〝思い〟と〝ことば〟の隔たり」のあることを指摘します。そして、以下の短歌を引用するのですね。

標準語にふかく染まりぬ祖母と母の針突にあをく透く手を離れ

標準語のつぺらぼうに使ひきて生き方もどこかちぐはぐである

（名嘉真恵美子『海の天蛇』一九九八）

一首目の「針突」は「ハジチ」と読みます。

沖縄や奄美の女性たちはかつて、指や手の甲に「ハジチ」（針突）という入れ墨を入れていた。

120年前に明治政府に禁止され次第に消滅した。独自の文化や歴史だったという観点から、ハジチを見直そうという声が上がり始めている。

（伊藤和行「沖縄の入れ墨ハジチ『女性の誇り』　禁じられ消滅したが」朝日新聞デジタル2019年9月10日）

この二首の短歌の詠み手は、「標準語」に深く通じてしまったゆえに、「祖母」や「母」の「針突」に象徴されるような、自らのルーツであるはずの沖縄の文化や歴史から、自らを疎外することになってしまった。二首目の「のっぺらぼう」という表現も、強烈ですよね。引用した筆者も、

これらの歌には、〝思い〟と〝ことば〟のねじれが強く現われている。新たに獲得した〝ことば〟が、祖母や母から離れることの代償としてしか実現しない現実、身につかない〝ことば〟の使用がそのまま自らの生きかたに対する違和を生み、生の不確かさを示すという現実である。

という解説を付しています。標準語・国語による国民統合が強いた悲劇。国文学という制度がもしそれを助長するものであるならば、僕たちは、国文学を素朴に礼賛し、称揚することを意識して抑制しなくてはならない。

そしてさらに、国民統合の原理は、どうしても、ナショナリズムと連動することになってしまいます。自民族や自国民の間に強固な連帯意識を作り出し、その連帯を足がかりとして、自国の強化を企図する、あるいは他国に対して権利・独立を要求する——こうしたナショナリズムの動きは、例えば弱小集団が自らの独立を支配者の国に要求する際などには、大きな武器となるものです。しかしながらそれは、いったん火がつくと制御が効かなくなる。そしてその暴走の帰結は、20世紀に起きた二度の世界大戦や、あるいは、いまだ世界各地で生じている民族紛争などにおける、夥《おびただ》しい数の人々の死、そして文化や大地の破壊であったわけです。僕たちは、このナショナリズムという動きやそれにつながるような心性を、なんとかして相対化し続けなくてはならないのです。

しかし、考えてみれば、これはとてつもなく奇妙な事態ではないでしょうか。

何度も言いますが、国民という記号は、それが成立した当初から、確固たる記号内容を持たぬ空虚なイメージに過ぎませんでした。そしてそれは、いまだにそうであるはずです。ところが、その実体なきイメージ、あるいはそれを土台とする制度やナショナリズムが、現実の人間の思考や歴史のありようを、実際に左右してしまう。

そう。

言葉は、それが指示する内容を実質として持たないものであっても、それをある意味で〝実体化〟してしまい、そして、人々の思考や社会を拘束する。

同様の事例は、民族・国民をめぐる文脈以外にも、いくらでも見出すことができます。例えば、前章「**第2部〜読むことの意味〜　5章 文学理論を知る意味③**」で紹介したフランツ・ファノン『黒い皮膚・白い仮面』（みすず書房）は、植民地の住民をめぐる様々な言説がもたらす暴力性を告発しています。そうした言説によって構築された植民地住民についてのステレオタイプなイメージが、植民地の住民の心理にいかなる葛藤を生じさせるかということが、詳細に記述されているのですね。そのようなステレオタイプは、まさにそれが指示する内容を持たぬ空虚なものであったはずなのに、植民地の住民を負のイメージとして〝実体化〟し、現実として彼／女らを苦しめたのです（「彼／女」は、「彼／彼女」という表記が視覚的に持ってしまう上下関係を回避するための表記です）。

あるいは、〈男らしさ／女らしさ〉というイメージ、すなわちジェンダーもまた、それが指す内実など存在しないのに、さも本質的な差異であるかのように認識され、そして実際に、この社会に暮らす人々を苦悩させることになる。

また、ケイン樹里安「『ハーフ』にふれる」（ケイン樹里安 上原健太郎編著『ふれる社会学』北樹出版）、下地ローレンス吉孝『「混血」と「日本人」――ハーフ・ダブル・ミックスの社会史』（青土社）は、いわゆる「ハーフ」と呼ばれる人々をめぐる言説がいかなる〝現実〟を捏造するのか、そしてその虚構としての〝現実〟が、彼／女らの実人生にもたらす暴力とはどのようなものであるのかについて、具体的に論じています。後者の本は専門性がかなり高いので、難しいと感じた人は、同じく下地の著作である『「ハーフ」ってなんだろう? あなたと考えたいイメージと現実』(平凡社)を読んでみてください。「中学生の質問箱」というシリーズから刊行されています。

さらに、こんな事態も考えられます。例えば、「理想のプロポーション」になることを煽《あお》る美容系広告の文言。誰しもに共有される〝理想〟の身体像など本来はありえないはずなのに、あたかもそれが客観的な事実として存在するかのように表現する。すると、虚構に過ぎなかったはずの〝理想〟の身体像は〝実体化〟され、皆がそのモデルに自己を同一化しようとあくせくする。そして、その思いが強迫観念とまでなってしまい、拒食症などに苦しむことになる……。

民族であれ国民であれ、あるいはここに紹介した他の事例であれ、記号内容を持たないはずの記号表現が、虚構としての記号内容を作り出してしまい、そしてそのことが、現実に生きる人々の思考を、思想を、そして生それ自体を支配してしまう。

言葉は、怖い。

言葉は、ありもしない虚像を〝現実〟として作り出してしまい、そして人々を実際に苦しめる可能性を持つ、恐ろしいものである。たとえその言葉を紡いだ人に、そうした意識がなかったとしても。

文章を読み、話し、書くことに伴う暴力性。

そうしたことについて、僕たちは、常に自覚的であらねばならない――僕は、強く強く、そう思うのですね。

そして、ここで最後にまた、差延という考え方を参照したい。

何かしらの記号表現に十全に現前するかのように錯覚される記号内容は、その実、その現前を、常に何かしらの要因によって遅延されている。したがって、記号表現と記号内容とは、永遠に出会うことはない――こうしたことを意識することは、言葉や、言葉が作り出す様々な観念を相対化するうえで、とても重要な戦略となるのではないでしょうか。

ショアーの真実とは、それを「真実」として語った瞬間に消失してしまうものである。したがって、私たちにできることは、その暗い深淵のまわりを永久にまわり続けることで、そこに表象不能の真実があることを示唆することだけだ。

(岡真理『彼女の「正しい」名前とは何か　第三世界フェミニズムの思想』青土社)

「ショアー」とは、「ナチス・ドイツによるユダヤ人殲滅《せんめつ》」を意味する言葉ですが、その言葉に、あるいはそれを主題とするテクストに、その「真実」が現前することなどありえない。何かしらの記号を通して、それが指し示しているはずの何かに出会うことは、僕たちにとって、永遠に不可能なのである——そのことを、常に自覚すること。

けれども、僕たちは、何かについて〝わからない〟ということに、なかなか耐えることができません。どうしても、〝わかった〟ことにしてしまいたい。宙づりの状態から逃げ出して、何かを〝確定〟したくなってしまう。日本人や国民という存在を、あたかも確たる実体であると思い込むように……。

「ネガティヴ・ケイパビリティ」とは、相手の気持ちや感情に寄り添いながらも、分かった気にならない「宙づり」の状態、つまり不確かさや疑いのなかにいられる能力である。

（小川公代『ケアの倫理とエンパワメント』講談社）

ネガティィヴ・ケイパビリティ。

詩人のジョン・キーツの言葉だそうです。

わからないという状態にあえてとどまり、それを受容する能力。

読むという営みにおいて僕たちに要求されるものは、もしかしたらそうした能力、あるいは〝強さ〟なのかもしれません。

7・広がる読書

次の一冊を見つける

読むというテーマについて、あれこれとお話ししてきました。ここまでお付き合いくださり、本当にありがとうございます。最後に、僕の個人的な体験を〝問わず語り〟することを、何卒お許しください。

僕は今、大学受験の予備校講師として生活しています。また、参考書の執筆などにも携わり、そして時にはこうして、一般書なども執筆させてもらっています。いわゆる、〝お勉強〟にまつわる仕事をしているわけです。

けれども、高校生のときは、まともに勉強したことなど、文字通り一度もありませんでした。出席すら、ほとんどしていなかった。学校には行きましたが、教室にちょっと顔を出すだけで、授業には出ない。学校内や学校周辺にいくつもあった溜まり場で、毎日ダラダラ無為に過ごすだけでした。

学校や級友たちに何かしらの原因があったわけではありません。

僕の通った学校は、校則も制服も、さらにはテストや成績すらない、本当に自由な学校だったのですが、きちんとしている生徒たちは、皆、きちんとしていました。けれども僕は、完全にその自由に溺れてしまい、皆さんには信じられないほどのだらしない生活を送っていたのです。

不良というわけでもない。

何かしら主義や主張があっての授業のボイコットでもない。

中学のときに夢中になったギター担当でバンドも組みましたし、それにはそこそこ熱も入れたのですが、結局は飽きて、本気で練習したことなどありませんでした。大きな声では言えないのですが、高校三年間で習得したのは、麻雀の得点計算だけです（ただしそれですら、難しい計算に関しては適当でした）。

ただ、一つだけ、今の自分の礎となることを習慣にしていました。

読書です。

とくに太宰治に熱中し、新潮文庫の太宰はすべて集め、ボロボロになるほどに読み返しました。

ですが、その太宰との出会いも、正直、あまり自慢できるようなお話ではなかった。

僕は、僕の〝ダメ人間〟っぷりを、きちんと（？）自覚していました。

しかし、そこはやはりお年頃でもあり、どうしてもかっこつけたかった。けれども自分には、かっこよさをアピールするものなど、何一つない。となればどうするか……と考えた挙句、

自分のようなダメ人間が文学などを読んでいれば、ギャップで逆にかっこいいのではないか!?

というトンチキな結論に至ったのですね……書いていて、恥ずかしい。

ともあれ、善(?)は急げ、ということで、僕は町の本屋に駆け込みました。そして、自分の財布で買うことのできるものということで文庫のコーナーに向い、そこに積まれていた一冊、もちろん太宰治の一冊に、まさに目が釘付けになったのです。

『人間失格』

そのタイトルは、高校生の自分には強烈過ぎるほどに強烈でした。数多く積まれた本のなかでも、明らかに異彩を放っていました。ページをめくってみると、「私は、その男の写真を三葉、見たことがある」と始まる。「三葉……? ああ、昔は写真を数えるのに、枚ではなくて葉を使ったんだ……」などと読み進めていくと、「第一の手記」と来て、「恥の多い生涯を送って来ました」とある。衝撃でした。脳天をずどん!とやられました。ここで一気に、憑かれてしまいました、太宰治という作家に。即座に『人間失格』をレジに持っていき、カバーも付けてもらわずに受け取り、帰宅後布団にもぐりながら、徹夜で一気に読み通してしまったのです（……と記憶しているのですが、さすがに一気に読み通せるような分量ではないので、思い出の美化かもしれません・笑）。

新潮文庫の『人間失格』には奥野建男の解説も収録されていましたが、これはあまりにも難し過ぎて（というか、当時はつまらなく思えて）パスしました。けれど、巻末の広告は、熟読しました。『晩年』『斜陽』『ヴィヨンの妻』『津軽』……どうやら太宰治は、とてもたくさんの作品を書いているらしい……「走れメロス」！　あの中学校のときに「つまらない」と思った作品も、そういえば太宰だった……今読み返したら、どう感じるのだろうか……などと。とくに、『斜陽』の紹介文は胸に刺さりました。

〝斜陽族〟という言葉を生んだ名作。没落貴族の家庭を舞台に麻薬中毒で自滅していく直治など四人の人物による滅びの交響楽を奏でる。

今あらためて読み返してみると、『斜陽』を直治の物語として紹介するこの文章には違和感を覚えます。「**第2部～読むことの意味～　3章　文学理論を知る意味❶**」でも言及したように、『斜陽』は何よりもまず、かず子の物語でしょう。

でも、当時の僕は、すっかりやられてしまいました。

「没落貴族」、「麻薬中毒で自滅」、そしてとりわけ、「亡びの交響楽」という文言に。

すぐさま、『斜陽』を購入しました。たしか『晩年』と、あと『パンドラの匣《はこ》』も一緒に買ったと思います。そして『斜陽』もまた、徹夜で一気に読んでしまいました……これははっきりと覚えています。間違いないです……たぶん・笑。

太宰には、よくわからない作品もたくさんありました。とくに『二十世紀旗手』に収録されているほとんどの作品はちんぷんかんぷんでしたし、『惜別』に所収されていた「右大臣実朝」の古文パートは解読不能でした。それでも、読み通しました。今思えば、現代思想のようなわけのわからない文章をわけのわからないままに読み通すという僕の特殊能力は、ここで鍛えられたのかもしれません。

とにかく、夢中でした。

何かに急き立てられるかのように耽読しました。

「如是我聞」というエッセイを読んで、太宰がこれほどまでに嫌う志賀直哉という作家の作品だけは絶対に読むまいと決意し、あるいは「川端康成へ」を読んで、「何、こいつは太宰治の悪口を言ったのか！　許せん！」などと憤っていました。

警句集である「もの思う葦　――当りまえのことを当りまえに語る。」は、線を引いたりノートに写したりしながら読みました。

ポオズ

はじめから、空虚なくせに、にやにや笑う。「空虚のふり。」

あるいは、「碧眼托鉢 ――馬をさへ眺むる雪の朝かな――」。

生きて行く力

いやになってしまった活動写真を、おしまいまで、見ている勇気。

新潮文庫の巻末には、年譜がついていました。

「自己の出身階級に悩んでカルチモン自殺をはかる」だとか、「この頃より非合法運動に関係」だとか、「女のみ死亡し、自殺幇助罪に問われたが、起訴猶予となる」だとか、あれこれとおどろおどろしい文言が並ぶなかに、

五月、井伏鱒二に初めて会い以後師事する。

という記述があるのを見つける。「師事」の意味がわからず、辞書で引いた記憶があります。どうやら太宰治は、井伏鱒二という作家のことを、相当に尊敬していたらしい……そういえば「富嶽百景」のなかにも、井伏鱒二という人は登場していたな。確か、山の頂上でおならをしていた……。

井伏氏は、濃い霧の底、岩に腰をおろし、ゆっくり煙草を吸ひながら、放屁なされた。いかにも、つまらなさうであった。

こうなると今度は、井伏鱒二という人の作品を読んでみたいとなる。「山椒魚」のシュールさに打たれ、「遙拝隊長」の母親の哀切に胸を締め付けられる。そして、『黒い雨』……。太宰治は坂口安吾と仲が良かったと知れば、安吾の「風博士」を読み、あまりのナンセンスぶりに衝撃を受けました。石川淳ともつながりがあったことを知って「紫苑物語」を読みふけり、そのダイナミックな展開に興奮しました。

将来は作家になる。

そう思うまでに、さして時間はかかりませんでした。

しかも、今となっては本当に苦笑いするしかないのですが、あまりにも太宰治に憧れ過ぎたために、太宰と同じように、東京大学文学部の仏文科に入学し、中退する——そんな〝野望〟まで抱くようになりました。

というわけで、ひとまずは大学受験です。

とはいえ、先ほど述べたように、高校に入ってからは勉強なるものは大袈裟ではなくまったくしていませんでしたから、当然、浪人ということになりました。一浪目は予備校には通いませんでした。予備校の授業にはついていけないことがわかっていたからです。

当時、国立大学の受験には後期日程というのがあり、東大も、文系三科目と小論文だけで受けられることを知りました。

三科目なら、なんとかなるかもしれない。

中学一年生の教科書からやり直しました。目標が目標ですから、この時ばかりは、文字通り人生で初めて、勉強に打ち込みました。なにせ、モチベーションが違う。一年根詰めて勉強に勤しみ、センター試験では7割ほど得点できるようになりました。東大の後期日程は最低でも9割の得点が必要でしたから、目標は遥か彼方先ではありましたが、それでも、予備校に通える程度の学力は身につけました。

二浪目のときは、駿台予備学校のお茶の水校の特設単科ゼミという講座を受講しました。

そこで、運命の出会いがありました。

受講した「人文哲学系論文」という講座を担当なさっていたのが、哲学者の小阪修平師だったのです。

師のご講義で、ソクラテスやプラトン、そしてデカルトを知りました。さらに、ポストモダン思想というものの存在に、初めて触れました。とりわけ、その思想的基盤であるソシュールとフロイトの解説に関しては、まさに、目から鱗が落ちるという状態でした。興奮しました。そして、ポストモダン思想を学ぶには、当たり前ですが、哲学科に入ったほうがいいということに気づきます。当然、当初の目的であった「東大の仏文科に入学し、中退する」という方向性が、ややぐらつきました。ぐらつきましたが、調べれば哲学科も文学部。ならば問題あるまい、ということで、合格に向け、一心不乱に勉強しました。成績も上がり、模試ではほぼ常に成績優秀者の上位にランクしていました。

ちなみに、「**第1部～読むための方法～　3章 読むことと知識③**」で紹介した新潮文庫版、田中美知太郎・池田美恵訳のプラトーン『ソークラテースの弁明・クリトーン・パイドーン』は、小阪師にすすめられ、僕が生まれて初めて読んだ哲学書です。もっとも浪人時には、「ソークラテースの弁明」を読むのが精一杯でしたが。

あと、丸山真男『日本の思想』(岩波新書)も、師の推薦で、読みました。自宅からお茶の水まで電車で一時間ほどかかったのですが、そこで読みました。難しかったので、メモを取りながら、行きつ戻りつし読みました。新書というものを読み通した、初めての経験です。

試験結果は……残念ながら、失敗に終わりました。

瞬間風速的な成績はかなり良いところまで叩き出せたのですが、やはりたかだか一年の付け焼き刃、こつこつと地道に勉強を続けてきた人たちにはかなわないということを痛感しました。

やはり、東大は厳しかった……どころではなく、結果から言うと、受験自体が散々な結果だったのです。併願した大学も、ものの見事に落ちました。上智の哲学科、慶應の文学部、早稲田の第一文学部、東京都立大学の文学部――もちろん、哲学科に進んでポストモダン思想を勉強する予定でした――すべて、失敗しました。唯一受かったのが、受験日程の谷間にあったのでとりあえず願書を出しておいた、早稲田大学教育学部国語国文科だったのです。

これは困った。

先ほど文系三科目に絞って勉強したと言いましたが、正確に言うと、国語はセンター試験レベルしか勉強していませんでした。現代文は得意で対策は必要なかったですし、そして当時のセンター試験の古典は簡単で、それほど本格的な勉強は必要ありませんでした。東大の後期はセンター試験以外で国語は要りませんでした。第二志望の慶應の文学部は、そもそも国語の試験がありませんでした。早稲田の二つの学部は難解極まりない古典が出題されることで有名でしたが、本来は受験するつもりはありませんでした。都立大は英社で何とかなる予定でした（何とかなりませんでした）。

つまり、古典については、手抜きの勉強しかしていなかったのです。

これはまずい。

なにしろ、国語国文科。

受験生の頃適当にごまかしていた古典文法も漢文の句法も、当然ながら、学生は熟知している前提で授業が進められるだろう。

……というわけで、古典文法の〝学び直し〟を慌てて始めました。受験全体から見ると大失敗なわけですが、そこらへんは切り替えの速い人間であり、浪人生活から脱することができるということはやはり嬉しかったので、悲観的な思いはそれほどなかったですね。

そしてそんなとき、新聞の広告で、『折口信夫全集』（中央公論社）の刊行を知りました。どうやら、国文学研究では重要な人物らしい。なんと絶妙なタイミング。親に頼み込んで、入学祝という形で購入してもらいました。これを買ってもらった以上、もうう だうだは言えない。仏文科や哲学科を諦め、国語国文科で学んでいく踏ん切りも、きちんとつけられる。いうなれば、自分なりの、〝「国語国文科でやっていく！」ことを決意した記念〟といったところでしょうか。

あ、ただし、在学中に文学賞を受賞したら、そこで中退する予定でした。残念ながら（？）、卒業してしまいましたが。

はからずも入学した早稲田大学教育学部国語国文科には、しかしながら、太宰治研究で有名な東郷克美先生がいらっしゃいました。中野重治研究の杉野要吉先生、谷崎潤一郎研究の千葉俊二先生も。そして、テクスト論などの文学理論を教えてくださった石原千秋先生、ジエンダー研究の金井景子先生、近現代詩の授業を担当なさった小関和弘先生、漱石研究の佐藤泉先生、芥川研究の篠崎美生子先生……。

長々とおしゃべりしてしまいましたが、自分語りは、そろそろやめにします。

ただ、僕のこうした経験を踏まえて、皆さんに、どうしてもお伝えしたいことがあるんですね。それは、

一冊の本との出会いは、無数の本への〝開かれ〟という可能性を有している

ということと、もう一つ、

たった一冊の本との出会いが、その人の人生すら変える可能性がある

ということです。不純も不純な動機で読み始めた『人間失格』を起点として、僕は、数えきれないほどの本とつながることができました。もちろん、これからも。そして、あの時『人間失格』を手に取ることがなかったなら、はたして自分はその後、どのような人生を送っていたのか――想像すらしたくありません。

皆さんのなかで、もし、読書というものに価値を見出せず、それでもたまたまこの本をお

読みくださった方がいらっしゃるなら、ぜひとも、僕にとっての『人間失格』に当たるような一冊を見つけて、そして、〝深読み〟してみてください。

あるいは、すでに数多くの本との出会いを果たしてきた読書家の皆さんは、ぜひとも、まだ本を読む楽しみを知らない人たちに、読書の素晴らしさを伝えてください。「この一冊！」というオススメ本を、紹介してください。そしてその際には、できれば、適当に消費するような読みではなく、〝深読み〟の技法やその意義についても触れていただけると嬉しいです。

良書との出会い。

そして、それを真摯に読むこと。

一人でもより多くの人がそうした経験をすることができれば、この社会は、きっと良い方向へと向かう。僕は、そう信じています。本書『〝深読み〟の技法』がそのきっかけの一つになれば、著者としてこれ以上の幸せはありません。

最後に、本書のなかで紹介してきた本や作品をリストアップしておきたいと思います。〝深読み〟をするための〝次の一冊〟を見つける参考にしていただければ嬉しいです。難度については、★の数の多いほど難しいとお考えください。なお、残念ながら絶版となってしまったものもあるはずなので、購入できないときは、ぜひ、図書館などで探してみてくださいね。

第1部～読むための方法～　1章 読むことと知識①　語彙の重要性

●今村仁司編『現代思想を読む事典』（講談社現代新書）　難度【★★★★★】

●デカルト『方法序説』谷川多佳子訳（岩波文庫）　難度【☆★★★★】

●寺田寅彦「化け物の進化」（青空文庫）　難度【☆☆★★★】

第1部～読むための方法～　2章 読むことと知識②　教科的な知識の重要性

●『政治・経済用語集』（山川出版社）　難度【☆☆★★★】

●インフォビジュアル研究所『図解でわかる 14歳から考える資本主義』（太田出版）　難度【☆☆☆★★】

●『高等学校 新政治・経済』（清水書院）　難度【☆☆★★★】

●根井雅弘『20世紀をつくった経済学 シュンペーター、ハイエク、ケインズ』（ちくまプリマー新書）　難度【☆☆★★★】

第1部～読むための方法～　3章 読むことと知識③　学術的な知識の重要性

●プラトーン『ソークラテースの弁明・クリトーン・パイドーン』田中美知太郎・池田美恵訳（新潮文庫）難度【☆★★★★】

●ニーチェ『ツァラトゥストラはこう言った』氷上英廣訳（岩波文庫）難度【★★★★★】

●フロイト『精神分析学入門』懸田克躬訳（中公クラシックス）難度【☆★★★★】

第1部～読むための方法～　4章 読むことと知識④　同時代言説の重要性

●寺田寅彦の「流言蜚語《ひご》」（青空文庫）難度【☆☆★★★】

●鈴木三重吉「大震火災記」（青空文庫）難度【☆☆★★★】

●北原白秋「竹林生活　――震災手記断片――」（青空文庫）難度【☆☆★★★】

●和辻哲郎「地異印象記」（青空文庫）難度【☆☆★★★】

●中谷宇吉郎「流言蜚語」（青空文庫）難度【☆☆★★★】

●宮本百合子「大正十二年九月一日よりの東京・横浜間大震火災についての記録」（青空文庫）難度【☆☆★★★】

●萩原朔太郎「近日所感」（青空文庫）難度【☆☆★★★】

●内田魯庵「最後の大杉」（青空文庫）難度【☆☆★★★】

●直木三十五「死までを語る」（青空文庫）難度【☆☆★★★】

●芥川龍之介「大正十二年九月一日の大震に際して」（青空文庫）難度【☆★★★★】

第1部～読むための方法～　5章 難解な文とどう格闘するか
学校文法・日本語文法・やさしい日本語という視座

●宇野邦一『反歴史論』（講談社学術文庫）難度【☆★★★★】

●原沢伊都夫『考えて、解いて、学ぶ　日本語教育の文法』（スリーエーネットワーク）難度【☆☆★★★】

●庵功雄編著 志賀玲子／志村ゆかり／宮部真由美／岡典栄著『「やさしい日本語」表現事典』（丸善出版）難度【☆☆★★★】

●庵功雄『やさしい日本語――多文化共生社会へ』（岩波新書）難度【☆☆★★★】
「日本語表現にとって『やさしい日本語』が持つ意味」（「一橋日本語教育研究9号」2021）難度【☆★★★★】

第1部〜読むための方法〜　6章　じっくり読むことと、さっと読むこと　精読／俯瞰読み

●内藤正典『プロパガンダ戦争　分断される世界とメディア』（集英社新書）難度【☆☆★★★】

●小池陽慈『大学入試 無敵の現代文 記述攻略メソッド』（かんき出版）難度【☆☆☆★★】

第1部〜読むための方法〜　7章　要約　〜内容を端的にまとめる〜

●宇野重規『民主主義とは何か』（講談社現代新書）難度【☆☆★★★】

第2部〜読むことの意味〜　1章　外国語の文章を読むことの意味　翻訳という視座

●鴻巣友季子『翻訳ってなんだろう？——あの名作を訳してみる』（ちくまプリマー新書）難度【☆☆★★★】

●丸山眞男、加藤周一『翻訳と日本の近代』（岩波新書）難度【☆☆☆★★】

●リービ英雄『英語でよむ万葉集』（岩波新書）難度【☆☆★★★】

●柳父章『翻訳語成立事情』（岩波新書） 難度【☆☆☆★★】

第2部〜読むことの意味〜 2章 古文を読むことの意味 現代文読解のための古文

●関谷浩『駿台受験シリーズ 古文解釈の方法』（駿台文庫） 難度【☆☆★★★】

●『竹取物語』上坂信男全訳注（講談社学術文庫） 難度【☆☆★★★】

●大野晋『古典文法質問箱』（角川ソフィア文庫） 難度【☆☆★★★】

●『更級日記』関根慶子訳注（講談社学術文庫） 難度【☆☆★★★】

第2部〜読むことの意味〜 3章 文学理論を知る意味① 「中心／周縁」理論・他

●本田和子『異文化としての子ども』（ちくま学芸文庫） 難度【☆☆★★★】

●ミヒャエル・エンデ『モモ』大島かおり訳（岩波書店） 難度【☆☆☆★★】

●太宰治『斜陽』（新潮文庫） 難度【☆☆☆★★】

●岩明均『寄生獣』（講談社） 難度【☆☆☆☆★】

●折口信夫「上代の日本人 ——語部と文学——」『折口信夫全集 5』（中央公論社） 難度【☆★★★★】

●蓼沼正美『超入門！ 現代文学理論講座』（ちくまプリマー新書） 難度【☆☆★★★】

第2部 〜読むことの意味〜　3章 文学理論を知る意味② 記号論・テクスト論

●川本茂雄『ことばとイメージ——記号学への旅立ち——』岩波新書　難度【☆★★★★】

●ロラン・バルト「作者の死」『物語の構造分析』花輪光訳（みすず書房） 難度【☆★★★★】

●ミカエル・リファテール『詩の記号論』斎藤兆史訳（勁草書房） 難度【★★★★★】

●吉増剛造『現代詩文庫41 吉増剛造詩集』（思潮社） 難度【★★★★★】

第2部 〜読むことの意味〜　3章 文学理論を知る意味③ 脱構築批評

●フランツ・ファノン『黒い皮膚・白い仮面』（みすず書房） 難度【★★★★★】

●小野正嗣「NHK 100分 DE 名著 フランツ・ファノン『黒い皮膚・白い仮面』」（NHK出版） 難度【☆☆☆★★】

●アーニャ・ルーンバ『ポストコロニアル理論入門』（松柏社） 難度【☆★★★★】

●フェルディナン・ド・ソシュール『一般言語学講義』小林英夫訳（岩波書店） 難度【☆★★★★】

●丸山圭三郎『ソシュールの思想』（岩波書店）　難度【☆★★★★】

●ジョナサン・カラー『ディコンストラクション』富山太佳夫／折島正司訳（岩波書店）　難度【☆★★★★】

●ガヤトリ・C．スピヴァク『デリダ論　『グラマトロジーについて』英訳版序文』田尻芳樹訳（平凡社ライブラリー）　難度【★★★★★】

第2部～読むことの意味～　6章 文学理論を知る意味④　言説の暴力

●ベネディクト・アンダーソン『増補 想像の共同体――ナショナリズムの起源と流行』白石さや・白石隆訳（NTT出版）　難度【☆★★★★】

●小熊英二『単一民族神話の起源――「日本人」の自画像の系譜』（新曜社）　難度【☆★★★★】

●岡本恵徳「沖縄になぜ詩人が多い――「寡黙」と「吃音」と」『「沖縄」に生きる思想』（未来社）　難度【☆☆★★★】

●ケイン樹里安 上原健太郎編著『ふれる社会学』（北樹出版）　難度【☆☆★★★】

●下地ローレンス吉孝『「混血」と「日本人」―ハーフ・ダブル・ミックスの社会史』（青土社）　難度【☆★★★★】

●下地ローレンス吉孝『「ハーフ」ってなんだろう？　あなたと考えたいイメージと現実』（平

凡社）　難度【☆☆☆☆★】

●岡真理『彼女の「正しい」名前とは何か　第三世界フェミニズムの思想』（青土社）

難度【☆★★★★】

●小川公代『ケアの倫理とエンパワメント』（講談社）　難度【☆★★★★】

第2部～読むことの意味～　7章 広がる読書　次の一冊を見つける

●太宰治『人間失格』（新潮文庫）　難度【☆☆★★★】

『晩年』（新潮文庫）　難度【☆☆★★★】

『パンドラの匣《はこ》』（新潮文庫）　難度【☆☆☆★★】

『二十世紀旗手』（新潮文庫）　難度【★★★★★】

「右大臣実朝」『惜別』（新潮文庫）　難度【☆★★★★】

「如是我聞」『もの思う葦』（新潮文庫）　難度【☆☆☆★★】

「川端康成へ」『もの思う葦』（新潮文庫）　難度【☆☆☆★★】

「もの思う葦　――当りまえのことを当りまえに語る。」『もの思う葦』（新潮文庫）

難度【☆☆★★★】

「碧眼托鉢　――馬をさへ眺むる雪の朝かな――」『もの思う葦』（新潮文庫）　難度

【☆☆★★★】

「富嶽百景」『走れメロス』（新潮文庫） 難度【☆☆☆★★】

●井伏鱒二『山椒魚』（新潮文庫） 難度【☆☆★★★】

「遙拝隊長」『遙拝隊長・本日休診』（新潮文庫） 難度【☆☆☆★★】

『黒い雨』（新潮文庫） 難度【☆☆☆★★】

●坂口安吾「風博士」『白痴・二流の人』（角川文庫） 難度【☆★★★★】

●石川淳『紫苑物語』（講談社文芸文庫） 難度【☆☆★★★】

●丸山真男『日本の思想』（岩波新書） 難度【☆☆★★★】

おわりに 〝深読み〟の先へ

●崎山多美『クジャ幻視行』（花書院） 難度【☆☆★★★】

●J・L・オースティン『言語と行為 いかにして言葉でものごとを行うか』（講談社学術文庫） 難度【★★★★★】

おわりに　〝深読み〟の先へ

太宰治『人間失格』に出会ったのが、今からだいたい三〇年ほど前。そこから始まった良書や良き書き手との出会いは、それからずっと、続いています。そしてこの原稿をしたためている現段階での、最も新しい出会いのうちの一つが、崎山多美という小説家なんですね。

本当につい最近知ったばかりなので、これまでのところ読んだのは、花書院という出版社から刊行されている『クジャ幻視行』という短編集だけです。

けれどもこれが、衝撃だった。

それぞれの短編の舞台は、皆、現代の沖縄です。現代の――ただ、そこに展開されるのは、表題に含まれる「幻視」という言葉からも察せられるように、幻想的で、時に前近代的なおどろおどろしい雰囲気すら漂わせる物語なんですね。とくに「ピンギヒラ坂夜行」という作品がそうで、登場人物のアンガという女性は、高齢の、いわゆる霊媒師です。霊の声を聴き、儀式をすることで霊をあちら側の世界へと送ることを務めとしています。そしてその日アンガが向かったのは、その地において自ら命を絶つことを思った人がその最後の場所として選ぶ、「ピンギヒラ」という坂でした。そこからアンガを呼ぶ声が聞こえたからです。

アンガを呼んでいたのは、おそらくは凄惨な事件に巻き込まれて犠牲になった、十四歳の少女でした。

アンガと少女は、言葉を交わし合います。

少女の言葉のなかには、時折、彼女が生前にアンガとかかわりのあったらしいことが示唆されます。ですが、彼女は何一つ、核心的なことをアンガには伝えません。伝えずに、しかしながら物語の最後の方において、

アンガがアタシのことを思い出してくれなければ、アタシはもうどこの誰でもなくなる……。

という言葉を口にします。けれどもその後ほんの少しの言葉を残すと、少女はついに、「風に吸われ」て消えていってしまうのでした。

J・L・オースティンという言語学者がいます。『言語と行為　いかにして言葉でものごとを行うか』(講談社学術文庫)という本を書いていて、それ以降の言語学のみならず、文学理論にも大きな影響を与えた人です。ただこの本はとても読みにくく、僕も書かれてあることのおそらくは十分の一も理解できてはいないのですが、それでも、具体例が用意されている

ところなどについてはそれなりに意味を捉えることができたかな、と思っています。

例えば、「私は約束する」という発話は、単にそうした言葉を口にしているというわけではなく、実際に、「約束する」という行為を遂行していますよね。もちろんこの場合は発話中に「約束する」という動作が明示されていますから、「約束する」という行為がその発話と同時に遂行されている、と説明されても、「まあ、そうだよね」くらいにしか思えないかもしれません。しかし、例えば「野原に雄牛がいる」という発話も、その言葉が発せられたコンテクストや状況次第では、聞き手に対して「警告」という行為を遂行している可能性が出てくる。「危険だから野原には行くな」、と。そしてもしこの発話がそうした意図で発せられたものであったなら、そのメッセージを受け取った人は、「野原に行くことは避ける」などといった反応をすることになるでしょう。つまり、「野原に雄牛がいる」という発話は、〝「危険だから野原には行くな」と警告する〟という行為を同時に遂行し、そしてそれを聞いた人に対して、〝「野原に行くことを避ける」という行為を選択させる〟という効果を有しているわけです。いわば、発話が、聞き手の行為を誘発する媒体となっている。

言葉は状況次第で、単なる発語ではなく、何かしらの行為の遂行を含意し、それにより聞き手に何かしらの行為を促す働きを持つ。

となると、言葉の集合体としての文章や作品もまた、その聞き手——あるいは読み手に対して、何かしらの行為を促しているのかもしれませんよね。

僕自身、まだ確定的なことは何一つ言えません。

けれども、崎山多美「ピンギヒラ坂夜行」の少女がつぶやいた「アンガがアタシのことを思い出してくれなければ、アタシはもうどこの誰でもなくなる……」という言葉は、きっと、「アンガ」のみならず、この物語の読み手である僕のもとにも届けられているのではないか。そして、僕に何かしらの行為を促す言葉として機能しているのではないか――僕は、そう直感しているのです。

したがって、僕の今後の〝深読み〟は、「ピンギヒラ坂夜行」の少女の言葉がどのような行為を遂行し、それを読んだ僕にどのような反応を促そうとしているのか、その具体的な内容を考える――すなわち少女の言葉への応答という形を中心に、展開されていくことになると思います。

もちろんその応答は、考えたことを言葉にする、すなわち文章にする、という具体的行為を必要とするでしょう。今回、本書のテーマは〝深読み〟でしたから、文章を書くという営みについては「**第1部～読むための方法～　7章　要約**」以外ではほとんど言及してきませんでした。けれども、オースティンの言語論を踏まえた文学受容のあり方に鑑みるなら、当然、〝深読み〟の先にあるのは、その文章への応答としての、書くという行為であるはずなのです。

本書の最終章で、

すでに数多くの本との出会いを果たしてきた読書家の皆さんは、ぜひとも、まだ本を読む楽しみを知らない人たちに、読書の素晴らしさを伝えてください。「この一冊！」というオススメ本を、紹介してください。

とお願いしました。

言い換えましょう。

ぜひ、自分にとって大切なその一冊を読んで感じたこと、考えたことなどを、書評やブックレビューという形で文章にしてみてください。可能ならば、ブログやSNSなどを利用し、それを公開してみてください。きっと、皆さんの熱い想いが、誰かを動かし、その誰かが、本を読むというこの素晴らしい世界へと開眼するきっかけとなるはずです。そしてその一つ一つの出来事が、間違いなく、この社会を良き未来へと向かわせることになる――宣伝となって恐縮ですが、文章をまとめる際には、よろしければ、拙著『一生ものの「発信力」をつける！14歳からの文章術』（笠間書院）などもご参照いただければ幸いです。

近年、例えば読書猿氏の著した『独学大全――絶対に「学ぶこと」をあきらめたくない人のための55の技法』（ダイヤモンド社）の大ヒットに象徴されるように、大人の学び直しや在野的な知のネットワークの形成について、市民の熱が高まってきているように感じます。この機運は、もしかすると、この社会に真の民主主義を築いていくための大切な土壌となるかもしれません。願わくは、本書『〝深読み〟の技法』も、そのための一助となることができますように。

二〇二一年秋

暗澹たるニュースばかりが届くなか、それでもこの社会の未来を信じながら

小池陽慈

スキルアップシート【読解スキル】

制作：土井諭

1 木だけでなく森も見る

本文は部分だけでなく全体として何を言おうとしているのかを摑もう。部分（形式段落）は全体（筆者の言いたいこと）のためにある、という意識を持つようにしよう。

2 対比は読解の要

対比構造を的確に見抜こう。①空間の対比、②時間の対比、③意見の対比（一般論と筆者の意見）、④対義的なキーワード（芸術と科学など）に気をつけよう。その際、異なる情報には異なる線（直線と波線）を引き分けておこう。また、対比では⊕と⊖の価値付けがなされていることが多いことも念頭に置いておこう。

3 文章は緩急をつけて読む

一般に、文章の序盤はテーマを摑んだり、筆者の文体に慣れるためにゆっくりと読む。リズムが摑めてきた中盤は速度を上げていく。しかし、重要な展開や論証が始まったら速度を落として丁寧に。わかりきった具体事例部分や繰り返し部分は手早く処理。

4 出典に隠されたヒント

すべての文章で使えるわけではないが、出典（タイトル）は本文の内容を要約的に示していることがある。これも「ヒントが得られれば儲けもの」という気持ちで余裕があれば事前に目を通しておこう。

5 「とは」は〝強調〟のことば

「〜とは…」という表現に遭遇したら、それを含む一文は重要な内容であることが多い。

6 「こそ」「まさに」は筆者のテンションの高さをあらわす

特に重要な内容を述べている部分では、筆者のテンションも上がっている。「〜こそ…」「まさに…」はそうしたテンションの現れなので、重要な内容が出現している可能性が高い。

7 義務的表現は読者を惹きつけることば

「べきだ」「ねばならない」「はずだ」「にちがいない」などの義務的表現（英語でいうmust, have to, shouldなど）には読者を注目させようという筆者の心理があらわれている。確実にチェックするようにしよう。

8 提案表現は読者への共感を求めることば

「ではなかろうか」「ではないだろうか」「してほしい」「してもらいたい」などは読者に対してある内容に共感してほしいときに筆者が使用する。重要な内容があると警戒しよう。

9 反語表現は極度の強調表現

「〜だろうか（いや〜ない）」などの反語表現にはほぼ間違いなく筆者の言いたいことがあらわれる。

10 筆者の内緒話「実は…」

「実は…」という部分には筆者の主張があらわれやすい。

11 打ち消した後が肝心

「〜ではなく…」「〜というより…」などのように、打ち消しの後に筆者の主張があらわれやすい。
※「〜だけでなく…」は打ち消しではなく《追加》であることに注意。もちろん、《追加》された内容が筆者の主張になることが多い。

12

段落冒頭にある「しかし」は筆者の言いたいことが満を持して登場する

それまで書いてきたことをいったんまとめ、段落を改めて「しかし」「だが」と筆者が書くとき、筆者は満を持して自説を述べようとしている。
※逆接の後ろは全て重要だと思っている受験生が多いが、実際重要な内容があらわれやすいのは、段落冒頭の逆接の後、そして次に見る譲歩逆接構文が圧倒的。

13

譲歩逆接構文にご注意

「もちろん」「たしかに」「なるほど」に続いて「しかし」などの逆接が来た場合はそこに筆者の主張があらわれていることが多い。

14

「〜なのである」は重要なのである

「〜なのである」の「なの」がなくても日本語として成り立つ。それがついているということは筆者が読者の注意を惹きたい証拠。筆者の強い思いがあらわれていると考えよう。

15

段落末尾のまとめ部分は便利

本来、読解というのはそれまでに読んだ内容を要約しながら読んでいくもの。段落末尾の「つまり〜」「すなわち」などのまとめ表現部分は、筆者が親切にまとめてくれている箇所。筆者も論の展開上重要な箇所だからまとめるはずなので、読む側もそこに〈筆者の主張〉や〈論展開上重要な内容〉があらわれていると考えてチェックしよう。

16

疑問文は〝疑問の形を装った主張〟

文章を書いている筆者が問いかける疑問は、その疑問に対する答え部分が主張となる。
※あえて疑問文の形にしたほうが、読者の関心を惹いたり、読者自身で考察を深める効果がある。

17

ミクロな因果関係

「なぜなら」「というのも」「から」などの因果関係を示す表現を発見したら、何に対する原因かを考え、その「何（＝結果）」と結びつけてセットで理解しておく。

18

マクロな因果関係

本文冒頭の疑問文や問題提起に対して、残りの本文全体で理由を示すことがある（いわば「謎解き」型の文章）。

19

似たもの同士の共通点をさがそう

対比の変種。対比が「異なるものを比べる」なら、「似たものを比べる」のが類比。意外なもの同士が比べられることが多いので少し戸惑うが、冷静に共通点を探ろう。

20

比喩は筆者の親心？

わかりにくい内容を読者が直観的に理解できるよう、筆者は喩えを用いて説明することがある。何によって何を喩えているのか、言葉のニュアンスを想像しながら丁寧に理解しよう。

21

具体例よりも抽象・一般が大切

評論では抽象・一般レベルの記述が大切。具体例はほとんどが抽象的なことを理解させるための補足説明。具体例にとらわれず、一般的な内容として理解しよう。※まれに個別具体的なものを論じた文章がある（「夏目漱石論」「ピカソ論」など）。その場合は、漱石やピカソは具体例ではなく、文章のトピックそのもの。出典名（「漱石の憂鬱」「ピカソとはなんだったのか」など）、本文全体の論調から総合的に判断する。

22

話題転換は〝本題〟への導入

「さて」「ところで」など、話題転換の標識を発見したら、〝ここから筆者は本題に入ろうとしているな〟と身構える。重要な情報が来ている可能性が大なので注意深く読み進める。

23 根源的な表現

「根本」「根源」「本質」など、ある事柄についての本質的・根源的なことについての情報は重要であることが多い。

24 重要性を示す表現は〝重要〟

「大切」「重要」など、重要性を示す表現を含む一文は、重要情報があらわれる。

25 筆者による価値判断を探せ

「良い」「悪い」「素晴らしい」「ひどい」などの価値判断を示す表現は必ずチェック。ある主題についての筆者の価値観（＝主張、立場）があらわれる。

26 引用文そのものは重要ではない

小難しい引用文は無視しろまでは言わないが、引用文の前後に記述されている筆者による説明に注目。その引用文を筆者は何を言うために持ち出したのかが説明されているので、そこをチェックする。

27 列挙、羅列はきちんと数と内容を把握

「まず（第一に）〜」「次に（第二に〜）」「最後に〜」など、筆者が列挙・羅列をはじめたら列挙されている数と内容をきちんと把握すること。

28 弁証法的な文章構成

弁証法とは、互いに対立するもの同士を総合し、より一段高い状態へと高める思考法のこと。たとえば、〈文系学問〉と〈理系学問〉とを総合して、〈文理融合型の総合的学問〉の構築を目指すなどが弁証法の一例。文章が対比的構成をとる場合、結論で対立している事柄が一気に総合・折衷されることがある。※弁証法は対立する内容の単なる総和ではない。XとYを総合することで、新たなZが生まれるが、そのZにはXやYには備わっていなかった新たな価値が伴う。「より高い状態」とはこのことをいったものである。

29 イメージを膨らます

単に活字の字面を追いかけているだけの表面的な読みをしないように。そこに書かれていることを具体的にイメージしながら読み進める。

30 常に「たとえば…」と問いかけながら読む

例を出さずに抽象的な議論で文章を進めていく筆者もいる。その時は自分なりの身近なものでいいから、具体的事例に置き換えて理解していく。

31 背景知識を活用しながら読む

入試現代文に登場する重要な概念やテーマ知識は、身につけておくと強力な武器になる。別途配布する重要語・重要テーマのプリントを熟読し、理解を深めよう。

32 【小説】いつもの読書よりも、一歩〜二歩詳しく、深く読む姿勢を持つ

普段の読書ではおおよそのあらすじを追いかけるだけで十分だが、現代文の小説読解では登場人物の心理や人間関係などやや精密な読解が求められる。だからといってあまり肩肘張らず、「いつもよりちょっと丁寧に読む」姿勢を持とう。

33 【小説】頭の中で役者をどんどん動かそう

活字を「読む」だけでなく、頭の中で役者さんをどんどん動かすメージで、文章に書かれていることを映像化する。

34 【小説】見えない心情に注意

心情は必ずチェック。その際、心情語だけでなく、セリフや表情・しぐさ・情景描写・小道具などにも注意を払いながら心情をしっかりチェックしよう。これらは見落としがちなので注意しよう。
※情景描写……⊕の心情には明るい景色、⊖の心情には暗い景色。※小道具……たとえば「湯呑みのお茶が揺れた」で〈動揺〉を表すなど。

35

【小説】心情にはは必ず理由がある

何の理由もなく嬉しくなったり悲しくなったりはしない。心情を発見したら、その理由も含めて押さえるようにする。

36

【小説】心情変化をたどる

登場人物の心情は作品中で変化しやすい。心情が変化したら、ここでもその理由をおさえるようにしよう。

37

【小説】葛藤を読み取れるようになろう

ある事柄について、⊕と⊖両方の感情を同時に抱くことがある。心情は⊕か⊖のどちらかに違いないなどと安直に考えることのないようにする。

38

【小説】登場人物の人間像をつかもう

登場人物の発言や行動などから、あるいは地の文での説明などから、登場人物の人間像（価値観・性格・現在置かれた境遇・過去の生い立ち・人間関係）などをつかもう。※主人公以外もしっかり押さえる。

39

【小説】複雑な人間関係は図にして理解する

登場人物が多くて人間関係が複雑な場合は、落ち着いて図を描くなどして整理する。

40

【小説】時系列を整理する

回想シーンなどが挟まってくると、時系列が前後して読みにくくなる。回想シーンがどこからどこまでかをしっかり把握して括り、本文全体の時系列を意識して読み進める。
※なお、回想の前後で登場人物の心情が変化することが多いことも覚えておこう。

41

【小説】時代に合わせた読みをしよう

明治～戦後にかけての小説は、外国の小説と思って読む。現代の常識は通用しないことも多いので、当時の時代状況に即して読もう。

42

【小説】ストーリーを簡単に要約できるようになろう

読み終わった後に、「●●が○○を△△する物語」などと一言で要約できるようになろう。

43

【随筆】筆者の思いを読み取ろう

筆者の思いがあらわれた表現をしっかりチェックする。

44

【随筆】形容詞的表現に気を配る

「美しい」「快い」「もどかしい」などの形容詞表現には筆者の思いがこめられていることが多い。

45

【随筆】具体的なエピソードの裏に隠された普遍的なメッセージを読み取る

具体的なエピソードを語っているように見えて、人間社会一般について当てはまる普遍的なメッセージを発している文章もある。

46

【随筆】自由な文章展開についていこう

評論ほどかっちりとは書かれていないことが多い。常に文章全体を俯瞰し、筆者が言おうとしていることを摑む姿勢を持つ。

小池陽慈（こいけ ようじ）

1975年生まれ。早稲田大学教育学部国語国文科卒業。早稲田大学大学院教育学研究科国語教育専攻修士課程中退。現在、大学受験予備校河合塾・河合塾マナビス、および国語専科塾博耕房で、現代文を指導。

主な著書は『無敵の現代文記述攻略メソッド』（かんき出版）、『大学入学共通テスト国語〔現代文〕予想問題集』（KADOKAWA）、『14歳からの文章術』（笠間書院）など。情報発信サービス「note」で、現代文の学習法や読書案内等の記事を公開中。

https://note.com/gendaibun

“深読み”の技法
世界と自分に近づくための14章

2021年12月30日　初版第1刷発行

著者　小池陽慈
イラスト　SANDER STUDIO
発行者　池田圭子
発行所　笠間書院

〒101-0064
東京都千代田区神田猿楽町2-2-3
電話03-3295-1331
FAX03-3294-0996

ISBN 978-4-305-70951-6

アートディレクション－細山田光宣
装幀・デザイン —— 鎌内文
（細山田デザイン事務所）
本文組版 ———— CAPS
印刷／製本 ———— モリモト印刷

好評既刊

生き抜くためのメディア読解

小林真大 著

国際バカロレアの文学教師を務める著者が、身近なメディアの「読み方」を解説。新聞の社説や法律、報道写真など様々な媒体の特徴とポイントを具体例を挙げながら紹介し、情報の内容や狙いを理解するコツを伝授します。

税込定価1980円（税抜定価1800円）ISBN 978-4-305-70945-5